U0119918

涵芬楼宋刊本
资治通鉴
简化字点校本

资治通鉴卷第二百四十

唐纪五十六 起强圉作噩，尽屠维大渊献正月，凡二年有奇。

宪宗昭文章武大圣至神孝皇帝中之下

元和十二年（丁酉，公元八一七年）

春，正月，甲申，贬袁滋为抚州刺史。

李愬至唐州，军中承丧败之馀，士卒皆惮战，愬知之。有出迓者，愬谓之曰：『天子知愬柔懦，能忍耻，故使来拊循尔曹。至于战攻进取，非吾事也。』众信而安之。愬亲行视士卒，伤病者存恤之，不事威严。或以军政不肃为言，愬曰：『吾非不知也。袁尚书专以恩惠怀贼，贼易之，闻吾至，必增备，故吾示之以不肃。彼必以吾为懦而懈惰，然后可图也。』淮西人自以尝败高、袁二帅，轻愬名位素微，遂不为备。

遣盐铁转运副使程异督财赋于江、淮。

回鹘屡请尚公主，有司计其费近五百万缗，时中原方用兵，故上未之许。二月，辛卯朔，遣回鹘摩尼僧等归国，命宗正少卿李诚使回鹘谕意，以缓其期。

李愬谋袭蔡州，表请益兵，诏以昭义、河中、鄜坊步骑二千给之。丁酉，愬遣十将马少良将十馀骑巡逻，遇吴元济捉生虞候丁士良，与战，擒之。士良，元济骁将，常为

东边患，众请刳其心，愬许之。既而召诘之，士良无惧色。愬曰：『真丈夫也！』命释其缚。士良乃自言：『本非淮西士，贞元中隶安州，与吴氏战，为其所擒，自分死矣。吴氏释我而用之，我因吴氏而再生，故为吴氏父子竭力。昨日力屈，复为公所擒，亦分死矣。今公又生之，请尽死以报德！』愬乃给其衣服器械，署为捉生将。

己亥，淮西行营奏克蔡州古葛伯城。

丁士良言于李愬曰：『吴秀琳拥三千之众，据文城栅，为贼左臂，官军不敢近者，有陈光洽为之谋主也。光洽勇而轻，好自出战，请为公先擒光洽，则秀琳自降矣。』戊申，士良擒光洽以归。

鄂岳观察使李道古引兵出穆陵关。甲寅，攻申州，克其外郭，进攻子城。城中守将夜出兵击之，道古之众惊乱，死者甚众。道古，皋之子也。

淮西被兵数年，竭仓廪以奉战士，民多无食，采菱芡鱼鳖鸟兽食之，亦尽，相帅归官军者前后五千馀户。贼亦患其耗粮食，不复禁。庚申，敕置行县以处之，为择县令，使之抚养，并置兵以卫之。

三月，乙丑，李愬自唐州徙屯宜阳栅。

郗士美败于柏乡，拔营而归，士卒死者千馀人。

戊辰，赐程执恭名权。

戊寅，王承宗遣兵二万入东光，断白桥路。程权不能御，以众归沧州。

吴秀琳以文城栅降于李愬。戊子，愬引兵至文城西五里，遣唐州刺史李进诚将甲士八千至城下，召秀琳，城中矢石如雨，众不得前。进诚还报：『贼伪降，未可信也。』愬曰：『此待我至耳。』即前至城下，秀琳束兵投身马足下，愬抚其背慰劳之，降其众三千人。秀琳将李宪有材勇，愬更其名曰忠义而用之，悉迁妇女于唐州，入据其城。于是唐、邓军气复振，人有欲战之志。贼中降者相继于道，随其所便而置之。闻有父母者，给粟帛遣之，曰：『汝曹皆王人，勿弃亲戚。』众皆感泣。

官军与淮西兵夹溵水而军，诸军相顾望，无敢渡溵水者。陈许兵马使王沛先引兵五千渡溵水，据要地为城，于是河阳、宣武、河东、魏博等军相继皆渡，进逼郾城。丁亥，李光颜败淮西兵三万于郾城，走其将张伯良，杀士卒什二三。

己丑，李愬遣山河十将董少玢等分兵攻诸栅。其日，少玢下马鞍山，拔路口栅。

夏，四月，辛卯，山河十将马少良下嵖岈山，擒淮西将柳子野。

吴元济以蔡人董昌龄为郾城令，质其母杨氏。杨氏谓昌龄曰：『顺死贤于逆生，汝去逆而吾死，乃孝子也；从逆而吾生，是戮吾也。』会官军围青陵，绝郾城归路，郾城守

将邓怀金谋于昌龄，昌龄劝之归国，怀金乃请降于李光颜曰：『城人之父母妻子皆在蔡州，请公来攻城，吾举烽求救，救兵至，公逆击之，蔡兵必败，然后吾降，则父母妻子庶免矣。』光颜从之。乙未，昌龄、怀金举城降，光颜引兵入据之。吴元济闻郾城不守，甚惧。时董重质将骡军守洄曲，元济悉发亲近及守城卒诣重质以拒之。

李愬山河十将妫雅、田智荣下冶炉城。丙申，十将阎士荣下白狗、汶港二栅。癸卯，妫雅、田智荣破西平。丙午，游弈兵马使王义破楚城。五月，辛酉，李愬遣柳子野、李忠义袭朗山，擒其守将梁希果。

六镇讨王承宗者兵十馀万，回环数千里，既无统帅，又相去远，期约难壹，由是历二年无功，千里馈运，牛驴死者什四五。刘总既得武强，引兵出境才五里，留屯不进，月给度支钱十五万缗。李逢吉及朝士多言『宜并力先取淮西。俟淮西平，乘其胜势，回取恒冀，如拾芥耳！』上犹豫，久乃从之。丙子，罢河北行营，各使还镇。

丁丑，李愬遣方城镇遏使李荣宗击青喜城，拔之。愬每得降卒，必亲引问委曲，由是贼中险易远近虚实尽知之。愬厚待吴秀琳，与之谋取蔡。秀琳曰：『公欲取蔡，非得李祐不可，秀琳无能为也。』祐者，淮西骑将，有勇略，守兴桥栅，常陵暴官军。庚辰，祐帅士卒刈麦于张柴村，愬召厢虞候史用诚，戒之曰：『尔以三百骑伏彼林中，又使人

摇帜于前，若将焚其麦积者。祐素易官军，必轻骑来逐之，尔乃发骑掩之，必擒之。』用诚如言而往，生擒祐以归。将士以祐向日多杀官军，争请杀之。愬不许，释缚，待以客礼。时愬欲袭蔡，而更密其谋，独召祐及李忠义屏人语，或至夜分，他人莫得预闻。诸将恐祐为变，多谏愬。愬待祐益厚。士卒亦不悦，诸军日有牒称祐为贼内应，且言得贼谍者具言其事。愬恐谤先达于上，已不及救，乃持祐泣曰：『岂天不欲平此贼邪！何吾二人相知之深而不能胜众口也。』因谓众曰：『诸君既以祐为疑，请令归死于天子。』乃械祐送京师，先密表其状，且曰：『若杀祐，则无以成功。』诏释之，以还愬。愬见之喜，执其手曰：『尔之得全，社稷之灵也！』乃署散兵马使，令佩刀巡警，出入帐中。或与之同宿，密语不寐达曙，有窃听于帐外者，但闻祐感泣声。时唐、随牙队三千人，号六院兵马，皆山南东道之精锐也。愬又以祐为六院兵马使。旧军令，舍贼谍者屠其家。愬除其令，使厚待之。谍反以情告愬，愬益知贼中虚实。乙酉，愬遣兵攻朗山，淮西兵救之，官军不利。众皆怅恨，愬独欢然曰：『此吾计也！』乃募敢死士三千人，号曰突将，朝夕自教习之，使常为行备，欲以袭蔡。会久雨，所在积水，未果。

闰月，己亥，程异还自江、淮，得供军钱百八十五万缗。

谏议大夫韦绶兼太子侍读，每以珍膳饷太子，又悦太子以谐谑。上闻之，丁未，罢绶侍读，寻出为虔州刺史。绶，京兆人。

吴元济见其下数叛，兵势日蹙，六月，壬戌，上表谢罪，愿束身自归。上遣中使赐诏，许以不死，而为左右及大将董重质所制，不得出。

秋，七月，大水，或平地二丈。

初，国子祭酒孔戣为华州刺史，明州岁贡蚶、蛤、淡菜，水陆递夫劳费，戣奏疏罢之。甲辰，岭南节度使崔咏薨，宰相奏拟代咏者数人，上皆不用，曰：『顷有谏进蚶、蛤、淡菜者为谁，可求其人与之。』庚戌，以戣为岭南节度使。

诸军讨淮、蔡，四年不克，馈运疲弊，民至有以驴耕者。上亦病之，以问宰相。李逢吉等竞言师老财竭，意欲罢兵。裴度独无言，上问之，对曰：『臣请自往督战。』乙卯，上复谓度曰：『卿真能为朕行乎？』对曰：『臣誓不与此贼俱生！臣比观吴元济表，势实窘蹙，但诸将心不壹，不并力迫之，故未降耳。若臣自诣行营，诸将恐臣夺其功，必争进破贼矣。』上悦。丙戌，以度为门下侍郎、同平章事、兼彰义节度使，仍充淮西宣慰招讨处置使。又以户部侍郎崔群为中书侍郎、同平章事。制下，度以韩弘已为都统，不欲更为招讨，请但称宣慰处置使。仍奏刑部侍郎马总为宣慰副使，右庶子韩愈为彰义行军司马，判官、书记皆朝廷之选，上皆从之。度将行，言于上曰：『臣若贼灭，则朝

天有期；贼在，则归阙无日。」上为之流涕。八月，庚申，度赴淮西，上御通化门送之。右神武将军张茂和，茂昭弟也，尝以胆略自衒于度。度表为都押牙，茂和辞以疾，度奏请斩之。上曰：「此忠顺之门，为卿远贬。」辛酉，贬茂和永州司马。以嘉王傅高承简为都押牙。承简，崇文之子也。

李逢吉不欲讨蔡，翰林学士令狐楚与逢吉善，度恐其合中外之势以沮军事，乃请改制书数字，且言其草制失辞。壬戌，罢楚为中书舍人。

李光颜、乌重胤与淮西战，癸亥，败于贾店。

裴度过襄城南白草原，淮西人以骁骑七百邀之。镇将楚丘曹华知而为备，击却之。度虽辞招讨名，实行元帅事，以郾城为治所。甲申，至郾城。先是，诸道皆有中使监陈，进退不由主将，胜则先使献捷，不利则陵挫百端。度悉奏去之，诸将始得专军事，战多有功。

九月，庚子，淮西兵寇溵水镇，杀三将，焚刍藁而去。

初，上为广陵王，布衣张宿以辩口得幸。及即位，累官至比部员外郎。宿招权受赂于外，门下侍郎、同平章事李逢吉恶之。上欲以宿为谏议大夫，逢吉曰：「谏议重任，必能可否朝政，始宜为之。宿小人，岂得窃贤者之位！必欲用宿，请去臣乃可。」上由是不悦。逢吉又与裴度异议，上方倚度以平蔡。丁未，罢逢吉为东川节度使。

甲寅，李愬将攻吴房，诸将曰：「今日往亡。」愬曰：「吾兵少，不足战，宜出其不意。彼以往亡不吾虞，正可击也。」遂往，克其外城，斩首千馀级。馀众保子城，不敢出。愬引兵还以诱之，淮西将孙献忠果以骁骑五百追击其背。众惊，将走，愬下马据胡床，令曰：「敢退者斩！」返旆力战，献忠死，淮西兵乃退。或劝愬乘胜攻其子城，可拔也。愬曰：「非吾计也。」引兵还营。

李祐言于李愬曰：「蔡之精兵皆在洄曲，及四境拒守，守州城者皆羸老之卒，可以乘虚直抵其城。比贼将闻之，元济已成擒矣。」愬然之。冬十月，甲子，遣掌书记郑澥至郾城，密白裴度。度曰：「兵非出奇不胜，常侍良图也。」

上竟用张宿为谏议大夫，崔群、王涯固谏，不听；乃请以为权知谏议大夫，许之。宿由是怨执政及端方之士，与皇甫镈相表里，谮去之。

裴度帅僚佐观筑城于沱口，董重质帅骑出五沟，邀之，大呼而进，注弩挺刃，势将及度。李光颜与田布力战，拒之，度仅得入城。贼退，布扼其沟中归路。贼下马逾沟，坠压死者千馀人。

辛未，李愬命马步都虞候、随州刺史史旻等留镇文城，命李祐、李忠义帅突将三千

为前驱，自与监军将三千人为中军，命田进诚将三千人殿其后。军出，不知所之。愬曰：『但东行。』行六十里，夜，至张柴村，尽杀其戍卒及烽子。据其栅，命士少休，食干糒，整羁靮，留义成军五百人镇之，以断朗山救兵。命丁士良将五百人断洄曲及诸道桥梁，复夜引兵出门。诸将请所之，愬曰：『入蔡州取吴元济！』诸将皆失色。监军哭曰：『果落李祐奸计！』时大风雪，旌旗裂，人马冻死者相望。天阴黑，自张柴村以东道路，皆官军所未尝行，人人自以为必死，然畏愬，莫敢违。夜半，雪愈甚，行七十里，至州城。近城有鹅鸭池，愬令击之以混军声。自吴少诚拒命，官军不至蔡州城下三十馀年，故蔡人不为备。壬申，四鼓，愬至城下，无一人知者。李祐、李忠义钁其城，为坎以先登，壮士从之。守门卒方熟寐，尽杀之，而留击柝者，使击柝如故，遂开门纳众。及里城，亦然，城中皆不之觉。鸡鸣，雪止，愬入居元济外宅。或告元济曰：『官军至矣！』元济尚寝，笑曰：『俘囚为盗耳！晓当尽戮之。』又有告者曰：『城陷矣！』元济曰：『此必洄曲子弟就吾求寒衣也。』起，听于廷，闻愬军号令曰：『常侍传语！』应者近万人。元济始惧，曰：『何等常侍，能至于此！』乃帅左右登牙城拒战。

时董重质拥精兵万馀人据洄曲。愬曰：『元济所望者，重质之救耳。』乃访重质家，厚抚之，遣其子传道持书谕重质。重质遂单骑诣愬降。

愬遣李进诚攻牙城，毁其外门，得甲库，取其器械。癸酉，复攻之，烧其南门，民争负薪刍助之，城上矢如蝟毛。晡时，门坏，元济于城上请罪，进诚梯而下之。甲戌，愬以槛车送元济诣京师，且告于裴度。是日，申、光二州及诸镇兵二万馀人相继来降。自元济就擒，愬不戮一人，凡元济官吏、帐下、厨厩之卒，皆复其职，使之不疑，然后屯于鞠场以待裴度。

以淮南节度使李鄘为门下侍郎、同平章事。

己卯，淮西行营奏获吴元济，光禄少卿杨元卿言于上曰：『淮西大有珍宝，臣能知之，往取必得。』上曰：『朕讨淮西，为人除害，珍宝非所求也。』

董重质之去洄曲军也，李光颜驰入其壁，悉降其众。庚辰，裴度遣马总先入蔡州慰抚。辛巳，度建彰义军节，将降卒万馀人入城，李愬具櫜鞬出迎，拜于路左。度将避之，愬曰：『蔡人顽悖，不识上下之分，数十年矣。愿公因而示之，使知朝廷之尊。』度乃受之。李愬还军文城，诸将请曰：『始公败于朗山而不忧，胜于吴房而不取，冒大风甚雪而不止，孤军深入而不惧，然卒以成功，皆众人所不谕也，敢问其故？』愬曰：『朗山不利，则贼轻我而不为备矣。取吴房，则其众奔蔡，并力固守，故存之以分其兵。风雪阴晦，则烽火不接，不知吾至。孤军深入，则人皆致死，战自倍矣。夫视远者不顾

近，虑大者不计细，若矜小胜，恤小败，先自挠矣，何暇立功乎！」众皆服。愬俭于奉己而丰于待士，知贤不疑，见可能断，此其所以成功也。

裴度以蔡卒为牙兵，或谏曰：「蔡人反仄者尚多，不可不备。」度笑曰：「吾为彰义节度使，元恶既擒，蔡人则吾人也，又何疑焉！」蔡人闻之感泣。先是吴氏父子阻兵，禁人偶语于涂，夜不然烛，有以酒食相过从者罪死。度既视事，下令惟禁盗贼斗杀，馀皆不问，往来者不限昼夜，蔡人始知有生民之乐。

甲申，诏韩弘、裴度条列平蔡将士功状及蔡之将士降者，皆差第以闻。淮西州县百姓，给复二年；近贼四州，免来年夏税。官军战亡者，皆为收葬，给其家衣粮五年；其因战伤残废者，勿停衣粮。

十一月，丙戌朔，上御兴安门受俘，遂以吴元济献庙社，斩于独柳之下。

初，淮西之人劫于李希烈、吴少诚之威虐，不能自拔，久而老者衰，幼者壮，安于悖逆，不复知有朝廷矣。自少诚以来，遣诸将出兵，皆不束以法制，听各以便宜自战，故人人得尽其才。韩全义之败于溵水也，于其帐中得朝贵所与问讯书，少诚束以示众曰：「此皆公卿属全义书，云破蔡州日，乞一将士妻女为婢妾。」由是众皆愤怒，以死为贼用。虽居中士，其风俗犷戾，过于夷貊。故以三州之众，举天下之兵环而攻之，四年然后克之。官军之克元济也，李师道募人通使于蔡，察其形势，牙前虞候刘晏平应募，出汴、宋间，潜行至蔡。元济大喜，厚礼而遣之。晏平还至郓，师道屏人而问之，晏平曰：「元济暴兵数万于外，阽危如此，而日与仆妾游戏博弈于内，晏然曾无忧色。以愚观之，殆必亡，不久矣！」师道素倚淮西为援，闻之惊怒，寻诬以他过，杖杀之。

戊子，以李愬为山南东道节度使，赐爵凉国公；加韩弘兼侍中；李光颜、乌重胤等各迁官有差。

旧制，御史二人知驿。壬辰，诏以宦者为馆驿使。左补阙裴潾谏曰：「内臣外事，职分各殊，切在塞侵官之源，绝出位之渐。事有不便，必戒于初；令或有妨，不必在大。」上不听。

甲午，恩王连薨。

辛丑，以唐、随兵马使李祐为神武将军，知军事。

裴度以马总为彰义留后。癸丑，发蔡州。上封二剑以授梁守谦，使诛吴元济旧将。度至郾城，遇之，复与俱入蔡州，量罪施刑，不尽如诏旨，仍上疏言之。

十二月，壬戌，赐裴度爵晋国公，复入知政事。以马总为淮西节度使。

初，吐突承璀方贵宠用事，为淮南监军。李鄘为节度使，性刚严，与承璀互相敬俾，英未尝相失。承璀归，引鄘为相。鄘耻由宦官进，及将佐出祖，乐作，鄘泣下曰：「吾老安外镇，宰相非吾任也。」戊寅，鄘至京师，辞疾，不入见，不视事，百官到门皆辞不见。

庚辰，贬淮西降将董重质为春州司户。重质为吴元济谋主，屡破官军。上欲杀之，李愬奏先许重质以不死。

十三年（戊戌，公元八一八年）

春，正月，乙酉朔，赦天下。

初，李师道谋逆命，判官高沐与同僚郭昈、李公度屡谏之。判官李文会、孔目官林英素为师道所亲信，说师道曰：「文会等尽心为尚书忧家事，反为高沐等所疾。尚书奈何不爱十二州之土地，以成沐等之功名乎！」师道由是疏沐，出沐知莱州。会林英入奏事，令进奏吏密申师道云：「沐潜输款于朝廷。」文会从而构之，师道杀沐，并囚郭昈。凡军中劝师道效顺者，文会皆指为高沐之党而囚之。及淮西平，师道忧不知所为。李公度及牙将李英昙因其惧而说之，使纳质献地以自赎。师道从之，遣使奉表，请使长子入侍，并献沂、密、海三州。上许之。乙巳，遣左常侍李逊诣郓州宣慰。

上命六军修麟德殿。右龙武统军张奉国、大将军李文悦以外寇初平，营缮太多，白宰相，冀有论谏。裴度因奏事言之。上怒。二月，丁卯，以奉国为鸿胪卿；壬申，以文悦为右武卫大将军，充威远营使。于是浚龙首池，起承晖殿，土木浸兴矣。

李愬奏请判官、大将以下官凡百五十员。上不悦，谓裴度曰：「李愬诚有奇功，然奏请过多。使如李晟、浑瑊，又何如哉！」遂留中不下。

李鄘固辞相位。戊戌，以鄘为户部尚书。以御史大夫李夷简为门下侍郎、同平章事。

初，渤海僖王言义卒，弟简王明忠立，改元太始；一岁卒，从父仁秀立，改元建兴。乙巳，遣使来告丧。

横海节度使程权自以世袭沧景，与河朔三镇无殊，内不自安。己酉，遣使上表，请举族入朝，许之。横海将士乐自擅，不听权去，掌书记林蕴谕以祸福，权乃得出。诏以蕴为礼部员外郎。

裴度之在淮西也，布衣柏耆以策干韩愈曰：「吴元济既就擒，王承宗破胆矣，愿得奉丞相书往说之，可不烦兵而服。」愈白度，为书遣之。承宗惧，求哀于田弘正，请以二子为质，及献德、棣二州，输租税，请官吏。弘正为之奏请，上初不许；弘正上表相继，上重违弘正意，乃许之。夏，四月，甲寅朔，魏博遣使送承宗子知感、知信及德、棣二州图印至京师。幽州大将谭忠说刘总曰：『自元和以来，刘辟、李錡、田季安、卢从史、吴元济，阻兵凭险，自以为深根固蒂，天下莫能危也。然顾盼之间，身死家覆，皆不自知，此非人力所能及，殆天诛也。况今天子神圣威武，苦身焦思，缩衣节食，以养战士，此志岂须臾忘天下哉！今国兵骎骎北来，赵人已献城十二，忠深为公忧之。』总泣且拜曰：『闻先生言，吾心定矣。』遂专意归朝廷。

戊辰，内出废印二纽，赐左、右三军辟仗使。旧制，以宦官为六军辟仗使，如方镇之监军，无印。及张奉国等得罪，至是始赐印，得纠绳军政，事任专达矣。

庚辰，诏洗雪王承宗及成德将士，复其官爵。

李师道暗弱，军府大事，独与妻魏氏、奴胡惟堪、杨自温、婢蒲氏、袁氏及孔目官王再升谋之，大将及幕僚莫得预焉。魏氏不欲其子入质，与蒲氏、袁氏言于师道曰：『自先司徒以来，有此十二州，奈何无故割而献之！今计境内之兵不下数十万，不献三州，不过以兵相加。若力战不胜，献之未晚。』师道乃大悔，欲杀李公度，幕僚贾直言谓其用事奴曰：『今大祸将至，岂非高沐冤气所为！若又杀公度，军府其危哉！』乃囚之。迁李英昙于莱州，未至，缢杀之。李逊至郓州，师道大陈兵迎之，逊盛气正色，为陈祸福，责其决语，欲白天子。师道退，与其党谋之，皆曰：『弟许之，他日正烦一表解纷耳。』师道乃谢曰：『向以父子之私，且迫于将士之情，故迁延未遣。今重烦朝使，岂敢复有二三！』逊察师道非实诚，归，言于上曰：『师道顽愚反覆，恐必须用兵。』既而师道表言军情，不听纳质割地，上怒，决意讨之。贾直言冒刃谏师道者二，舆榇谏者一，又画缚载槛车妻子系纍者以献。师道怒，囚之。

五月，丙申，以忠武节度使李光颜为义成节度使，谋讨师道也。以淮西节度使马总为忠武节度使，陈、许、溵、蔡州观察使。以申州隶鄂岳，光州隶淮南。

辛丑，以知勃海国务大仁秀为勃海王。

以河阳都知兵马使曹华为棣州刺史，诏以河阳兵二千送至滴河。会县为平卢兵所陷，华击却之，杀二千馀人，复其县以闻。诏加横海节度副使。

六月，癸丑朔，日有食之。

丁丑，复以乌重胤领怀州刺史，镇河阳。

秋，七月，癸未朔，徙李愬为武宁节度使。乙酉，下制罪状李师道，令宣武、魏博、义成、武宁、横海兵共讨之，以宣歙观察使王遂为供军使。遂，方庆之孙也。

上方委裴度以用兵，门下侍郎、同平章事李夷简自谓才不及度，求出镇。辛丑，以夷简同平章事，充淮南节度使。

八月，壬子朔，中书侍郎、同平章事王涯罢为兵部侍郎。

吴元济既平，韩弘惧；九月，自将兵击李师道，围曹州。

淮西既平，上浸骄侈。户部侍郎判度支皇甫镈、卫尉卿、盐铁转运使程异晓其意，数进羡馀以供其费，由是有宠。镈又厚赂结吐突承璀。甲辰，镈以本官、异以工部侍郎并同平章事，判使如故。制下，朝野骇愕，至于市井负贩者亦嗤之。裴度、崔群极陈其不可，上不听。度耻与小人同列，表求自退。不许。度复上疏，以为：『镈、异皆钱谷吏，佞巧小人，陛下一旦置之相位，中外无不骇笑。况镈在度支，专以丰取刻与为务，凡中外仰给度支之人无不思食其肉。比者裁损淮西粮料，军士怨怒，会臣至行营晓谕慰勉，仅无溃乱。今旧将旧兵悉向淄青，闻镈入相，必尽惊忧，知无可诉之地矣。程异虽人品庸下，然心事和平，可处烦剧，不宜为相。至如镈，资性狡诈，天下共知，唯能上惑圣聪，足见奸邪之极。臣若不退，天下谓臣不知廉耻；臣若不言，天下谓臣有负恩宠。今退既不许，言又不听，臣如烈火烧心，众镝丛体。所可惜者，淮西荡定，河北底宁，承宗敛手削地，韩弘舆疾讨贼，岂朝廷之力能制其命哉？直以处置得宜，能服其心耳。陛下建升平之业，十已八九，何忍还自堕坏，使四方解体乎？』上以度为朋党，不之省。镈自知不为众所与，益为巧谄以自固，奏减内外官俸以助国用。给事中崔植封还敕书，极论之，乃止。植，祐甫之弟子也。

时内出积年缯帛付度支令卖，镈悉以高价买之，以给边军。其缯帛朽败，随手破裂，边军聚而焚之。度因奏事言之，镈于上前引其足曰：『此靴亦内库所出，臣以钱二千买之，坚完可久服。度言不可信。』上以为然。由是镈益无所惮。程异亦自知不合众心，能廉谨谦逊，为相月馀，不敢知印秉笔，故终免于祸。

五坊使杨朝汶妄捕系人，迫以考捶，责其息钱，遂转相诬引，所系近千人。中丞萧俛劾奏其状，裴度、崔群亦以为言。上曰：『姑与卿论用兵事，此小事朕自处之。』度曰：『用兵事小，所忧不过山东耳。五坊使暴横，恐乱辇毂。』上不悦，退，召朝汶责之曰：『以汝故，令吾羞见宰相！』冬，十月，赐朝汶死，尽释系者。

上晚节好神仙，诏天下求方士。宗正卿李道古先为鄂岳观察使，以贪暴闻，恐终获罪，思所以自媚于上，乃因皇甫镈荐山人柳泌，云能合长生药。甲戌，诏泌居兴唐观炼药。

十一月，辛巳朔，盐州奏吐蕃寇河曲、夏州。灵武奏破吐蕃长乐州，克其外城。

柳泌言于上曰：『天台山神仙所聚，多灵草，臣虽知之，力不能致，诚得为彼长吏，庶几可求。』上信之。丁亥，以泌权知台州刺史，仍赐服金紫。谏官争论奏，以为：『人主喜方士，未有使之治民赋敛者。』上曰：『烦一州之力而能为人主致长生，臣子亦何爱焉！』由是群臣莫敢言。

甲午，盐州奏吐蕃引去。

壬寅，以河阳节度使乌重胤为横海节度使。丁未，以华州刺史令狐楚为河阳节度使。重胤以河阳精兵三千赴镇，河阳兵不乐去乡里，中道溃归，又不敢入城，屯于城北，将大掠。令狐楚适至，单骑出，慰抚之，与俱归。

先是，田弘正请自黎阳渡河，会义成节度使李光颜讨李师道，裴度曰：『魏博军既渡河，不可复退，立须进击，方有成功。既至滑州，即仰给度支，徒有供饷之劳，更生观望之势。又或与李光颜互相疑阻，益致迁延。与其渡河而不进，不若养威于河北。宜且使之秣马厉兵，俟霜降水落，自杨刘渡河，直指郓州，得至阳谷置营，则兵势自盛，贼众摇心矣。』上从之。是月，弘正将魏博全师自杨刘渡河，距郓州四十里筑垒。贼中大震。

功德使上言：『凤翔法门寺塔有佛指骨，相传三十年一开，开则岁丰人安。来年应开，请迎之。』十二月，庚戌朔，上遣中使帅僧众迎之。

戊辰，以春州司户董重质为试太子詹事，委武宁军驱使，李愬请之也。

戊寅，魏博、义成军送所获李师道都知兵马使夏侯澄等四十七人，上皆释弗诛，各付所获行营驱使，曰：『若有父母欲归者，优给遣之。朕所诛者，师道而已。』于是贼中闻之，降者相继。初，李文会与兄元规皆在李师古幕下。师古薨，师道立，元规辞去，文会属师道亲党请留。元规将行，谓文会曰：『我去，身退而安全；汝留，必贵而受祸。』及官军四临，平卢兵势日蹙，将士喧然，皆曰：『高沐、郭昈、李存为司空忠谋，李文会奸佞，杀沐，囚昈、存，以致此祸。』师道不得已，出文会摄登州刺史，召昈、存还幕府。

上常语宰相：『人臣当力为善，何乃好立朋党！朕甚恶之。』裴度对曰：『方以类聚，物以群分。君子、小人志趣同者，势必相合。君子为徒，谓之同德；小人为徒，谓之朋党；外虽相似，内实悬殊，在圣主辨其所为邪正耳。』

武宁节度使李愬与平卢兵十一战，皆捷。己卯，晦，进攻金乡，克之。李师道性懦怯，自官军致讨，闻小败及失城邑，辄忧悸成疾，由是左右皆蔽匿，不以实告。金乡兖之要地，既失之，其刺史遣驿骑告急，左右不为通，师道至死竟不知也。

十四年（己亥，公元八一九年）

春，正月，辛巳，韩弘拔考城，杀二千余人。

丙戌，师道所署沭阳令梁洞以县降于楚州刺史李听。

吐蕃遣使者论短立藏等来修好，未返，入寇河曲。上曰：『其国失信，其使何罪！』庚寅，遣归国。

壬辰，武宁节度使李愬拔鱼台。

中使迎佛骨至京师，上留禁中三日，乃历送诸寺，王公士民瞻奉舍施，惟恐弗及，有竭产充施者，有然香臂顶供养者。刑部侍郎韩愈上表切谏，以为：『佛者，夷狄之一法耳。自黄帝以至禹、汤、文、武，皆享寿考，百姓安乐，当是时，未有佛也。汉明帝时，始有佛法。其后乱亡相继，运祚不长。宋、齐、梁、陈、元魏已下，事佛渐谨，年代尤促。惟梁武帝在位四十八年，前后三舍身为寺家奴，竟为侯景所逼，饿死台城，国亦寻灭。事佛求福，乃更得祸。由此观之，佛不足信亦可知矣！百姓愚冥，易惑难晓，苟见陛下如此，皆云「天子大圣，犹一心敬信；百姓微贱，于佛岂可更惜身命。」佛本夷狄之人，口不言先王之法言，身不服先王之法服，不知君臣之义、父子之恩。假如其身尚在，奉国命来朝京师，陛下容而接之，不过宣政一见，礼宾一设，赐衣一袭，卫而出之于境，不令惑众也。况其身死已久，枯朽之骨，岂宜以入宫禁！古之诸侯行吊于国，尚令巫祝先以桃茢祓除不祥。今无故取朽秽之物亲视之，巫祝不先，桃茢不用，群臣不言其非，御史不举其罪，臣实耻之！乞以此骨付有司，投诸水火，永绝根本，断天下之疑，绝后代之惑，使天下之人知大圣人之所作为，出于寻常万万也，岂不盛哉！佛如有灵，能作祸福，凡有殃咎，宜加臣身。』

上得表，大怒，出示宰相，将加愈极刑。裴度、崔群为言：『愈虽狂，发于忠恳，宜宽容以开言路。』癸巳，贬愈为潮州刺史。

自战国之世，老、庄与儒者争衡，更相是非。至汉末，益之以佛，然好者尚寡。晋、宋以来，日益繁炽，自帝王至于士民，莫不尊信。下者畏慕罪福，高者论难空有。独愈恶其蠹财惑众，力排之，其言多矫激太过。惟《送文畅师序》最得其要，曰：『夫鸟俯而啄，仰而四顾，兽深居而简出，惧物之为己害也，犹且不免焉。弱之肉，强之食。今吾与文畅安居而暇食，优游以生死，与禽兽异者，宁可不知其所自邪！』

丙申，田弘正奏败淄青兵于东阿，杀万余人。

沧州刺史李宗奭与横海节度使郑权不叶，不受其节制，权奏之。上遣中使追之，宗奭使其军中留己，表称惧乱未敢离州。诏以乌重胤代权，将吏惧，逐宗奭。宗奭奔京师，辛丑，斩于独柳之下。

丙午，田弘正奏败平卢兵于阳谷。

资治通鉴卷第二百四十一

唐纪五十七 起屠维大渊献二月，尽重光赤奋若六月，凡二年有奇。

宪宗昭文章武大圣至神孝皇帝下

元和十四年（己亥，公元八一九年）

二月，李听袭海州，克东海、朐山、怀仁等县。李愬败平卢兵于沂州，拔丞县。李师道闻官军侵逼，发民治郓州城堑，修守备，役及妇人，民益惧且怨。都知兵马使刘悟，正臣之孙也，师道使之将兵万馀人屯阳谷以拒官军。悟务为宽惠，使士卒人人自便，军中号曰刘父。及田弘正渡河，悟军无备，战又数败。或谓师道曰：「刘悟不修军法，专收众心，恐有他志，宜早图之。」师道召悟计事，欲杀之。或谏曰：「今官军四合，悟无逆状，用一人言杀之，诸将谁肯为用！是自脱其爪牙也。」师道留悟旬日，复遣之，厚赠金帛以安其意。悟知之，还营，阴为之备。师道以悟将兵在外，署悟子从谏门下别奏。从谏与师道诸奴日游戏，颇得其阴谋，密疏以白父。又有谓师道者曰：「刘悟终为患，不如早除之。」丙辰，师道潜遣二使赍帖授行营兵马副使张暹，令斩悟首献之，勒暹权领行营。时悟方据高丘张幕置酒，去营二三里。二使至营，密以贴授暹。暹素与悟善，阳与使者谋曰：「悟自使府还，颇为备，不可匆匆，暹请先往白之，云：「司空遣使存问将士，兼有赐物，请都头速归，同受传语。」如此，则彼不疑，乃可图也。」

使者然之。暹怀帖走诣悟，屏人示之。悟潜遣人先执二使，杀之。时已向暮，悟按辔徐行还营，坐帐下，严兵自卫。召诸将，厉色谓之曰：「悟与公等不顾死亡以抗官军，诚无负于司空。今司空信谗言，来取悟首。悟死，诸公其次矣。且天子所欲诛者独司空一人。今军势日蹙，吾曹何为随之族灭！欲与诸公卷旗束甲，还入郓州，奉行天子之命，岂徒免危亡，富贵可图也。诸公以为何如？」兵马使赵垂棘立于众首，良久，对曰：「如此，事果济否？」悟应声骂曰：「汝与司空合谋邪！」立斩之。遍问其次，有迟疑未言者，悉斩之，并斩军中素为众所恶者，凡三十馀，尸于帐前。馀皆股栗，曰：「惟都头命，愿尽死！」乃令士卒曰：「入郓，人赏钱百缗，惟不得近军帑。其使宅及逆党家财，任自掠取，有仇者报之。」使士卒皆饱食执兵，夜半听鼓三声绝即行，人衔枚，马缚口，遇行人，执留之，人无知者。距城数里，天未明，悟驻军，使听城上柝声绝，使十人前行，宣言「刘都头奉帖追入城。」门者请俟写简白使，十人拔刃拟之，皆窜匿。悟引大军继至，城中噪哗动地。比至，子城已洞开，惟牙城拒守，寻纵火，斧其门而入。牙中兵不过数百，始犹有发弓矢者，俄知力不支，皆投于地。悟勒兵升听事，使捕索师道。师道与二子伏厕床下，索得之，悟命置牙门外隙地，使人谓曰：「悟奉密诏送

司空归阙，然司空亦何颜复见天子！』师道犹有幸生之意，其子弘方仰曰：『事已至此，速死为幸！』寻皆斩之。自卯至午，悟乃命两都虞候巡坊市，禁掠者，即时皆定。大集兵民于球场，亲乘马巡绕，慰安之。斩赞师道逆谋者二十馀家，文武将吏且惧且喜，皆入贺。悟见李公度，执手歔欷；出贾直言于狱，置之幕府。悟之自阳谷还兵趋郓也，潜使人以其谋告田弘正曰：『事成，当举烽相白。万一城中有备不能入，愿公引兵为助。功成之日，皆归于公，悟何敢有之！』且使弘正进据己营。弘正见烽，知得城，遣使往贺。悟函师道父子三首遣使送弘正营，弘正大喜，露布以闻。淄、青等十二州皆平。弘正初得师道首，疑其非真，召夏侯澄使识之。澄熟视其面，长号陨绝者久之，乃抱其首，舐其目中尘垢，复恸哭。弘正为之改容，义而不责。

壬戌，田弘正捷奏至。乙丑，命户部侍郎杨于陵为淄青宣抚使。己巳，李师道首函至。自广德以来，垂六十年，藩镇跋扈河南、北三十馀州，自除官吏，不供贡赋，至是尽遵朝廷约束。上命杨于陵分李师道地，于陵按图籍，视土地远迩，计士马众寡，校仓库虚实，分为三道，使之适均：以郓、曹、濮为一道，淄、青、齐、登、莱为一道，兖、海、沂、密为一道，上从之。

刘悟以初讨李师道诏云：『部将有能杀师道以众降者，师道官爵悉以与之。』意谓尽

得十二州之地，遂补署文武将佐，更易州县长吏，谓其下曰：『军府之政，一切循旧。自今但与诸公抱子弄孙，夫复何忧！』上欲移悟他镇，恐悟不受代，复须用兵，密诏田弘正察之。弘正日遣使者诣悟，托言修好，实观其所为。悟多力，好手搏，得郓州三日，则教军中壮士手搏，与魏博使者庭观之，自摇肩攘臂，离坐以助其势。弘正闻之，笑曰：『是闻除改，登即行矣，何能为哉！』庚午，以悟为义成节度使。悟闻制下，手足失坠。明日，遂行。弘正已将数道，比至城西二里，与悟相见于客亭，即受旌节，驰诣滑州，辟李公度、李存、郭旿、贾直言以自随。

悟素与李文会善，既得郓州，使召之，未至。闻将移镇，旿、存谋曰：『文会佞人，败乱淄青一道，灭李司空之族，万人所共仇也！不乘此际诛之，田相公至，务施宽大，将何以雪三齐之愤怨乎！』乃诈为悟帖，遣使即文会所至，取其首以来。使者遇文会于丰齐驿，斩之。比还，悟及旿、存已去，无所复命矣。文会二子，一亡去，一死于狱，家赀悉为人所掠，田宅没官。

诏以淄青行营副使张暹为戎州刺史。

癸酉，加田弘正检校司徒、同平章事。

先是，李师道将败数月，闻风动鸟飞，皆疑有变，禁郓人亲识宴聚及道路偶语，犯

者有刑。弘正既入郓，悉除苛禁，纵人游乐，寒食七昼夜不禁行人。或谏曰：『郓人久为寇敌，今虽平，人心未安，不可不备。』弘正曰：『今为暴者既除，宜施以宽惠，若复为严察，是以桀易桀也，庸何愈焉！』

先是，贼数遣人入关，截陵戟，焚仓场，流矢飞书，以震骇京师，沮挠官军。有司督察甚严，潼关吏至发人囊箧以索之，然终不能绝。及田弘正入郓，阅李师道簿书，有赏杀武元衡人王士元等及赏潼关、蒲津吏卒案，乃知向者皆吏卒受赂于贼，容其奸也。

裴度纂述蔡、郓用兵以来上之忧勤机略，因侍宴献之，请内印出付史官。上曰：『如此，似出朕志，非所欲也。』弗许。

三月，戊子，以华州刺史马总为郓、曹、濮等州节度使。己丑，以义成节度使薛平为平卢节度，淄、青、齐、登、莱等州观察使。以淄青四面行营供军使王遂为沂、海、兖、密等州观察使。

横海节度使乌重胤奏：『河朔藩镇所以能旅拒朝命六十馀年者，由诸州县各置镇将领事，收刺史、县令之权，自作威福。向使刺史各得行其职，则虽有奸雄如安、史，必不能以一州独反也。臣所领德、棣、景三州，已举牒各还刺史职事，应在州兵并令刺史领之。』夏，四月，丙寅，诏诸道节度、都团练、都防御、经略等使所统支郡兵马，并令

刺史领之。自至德以来，节度使权重，所统诸州各置镇兵，以大将主之，暴横为患，故重胤论之。其后河北诸镇，惟横海最为顺命，由重胤处之得宜故也。

辛未，工部侍郎、同平章事程异薨。

裴度在相位，知无不言，皇甫镈之党阴挤之。丙子，诏度以门下侍郎、同平章事，充河东节度使。皇甫镈专以掊克取媚，人无敢言者，独谏议大夫武儒衡上疏言之。镈自诉于上，上曰：『卿以儒衡上疏，将报怨邪！』镈乃不敢言。儒衡，元衡之从父弟也。

史馆修撰李翱上言，以为：『定祸乱者，武功也；兴太平者，文德也。今陛下既以武功定海内，若遂革弊事，复高祖、太宗旧制，用忠正而不疑，屏邪佞而不迩；改税法，不督钱而纳布帛；绝进献，宽百姓租赋；厚边兵，以制戎狄侵盗；数访问待制官，以通塞蔽；此六者，政之根本，太平所以兴也。陛下既已能行其难，若何不为其易乎！以陛下天资上圣，如不惑近习容悦之辞，任骨鲠正直之士，与之兴大化，可不劳而成也。若不以此为事，臣恐大功之后，逸欲易生。进言者必曰：「天下既平矣，陛下可以高枕自安逸。」如是，则太平未可期矣！』

秋，七月，丁丑朔，田弘正送杀武元衡贼王士元等十六人，诏使内京兆府、御史台遍鞫之，皆款服。京兆尹崔元略以元衡物色询之，则多异同。元略问其故，对曰：

『恒、郓同谋遣客刺元衡，而士元等后期，闻恒人事已成，遂窃以为己功，还报受赏耳。今自度为罪均，终不免死，故承之。』上亦不欲复辨正，悉杀之。

戊寅，宣武节度使韩弘始入朝，上待之甚厚。弘献马三千，绢五千，杂缯三万，金银器千，而汴之库厩尚有钱百馀万缗，绢百馀万匹，马七千匹，粮三百万斛。

己丑，群臣上尊号曰元和圣文神武法天应道皇帝，赦天下。

沂、海、兖、密观察使王遂，本钱谷吏，性狷急，无远识。时军府草创，人情未安，遂专以严酷为治，所用杖绝大于常行者，每詈将卒，辄曰『反虏』；又盛夏役士卒营府舍，督责峻急。将卒愤怨。辛卯，役卒王弁与其徒四人浴于沂水，密谋作乱，曰：『今服役触罪亦死，奋命立事亦死，死于立事，不犹愈乎！明日，常侍与监军、副使有宴，军将皆在告，直兵多休息，吾属乘此际出其不意取之，可以万全。』四人皆以为然，约事成推弁为留后。壬辰，遂方宴饮，日过中，弁等五人突入，于直房前取弓刀，径前射副使张敦实，杀之。遂与监军狼狈起走，弁执遂，数之以盛暑兴役，用刑刻暴，立斩之。传声勿惊监军，弁即自称留后，升厅号令，与监军抗礼，召集将吏参贺，众莫敢不从。监军具以状闻。

甲午，韩弘又献绢二十五万匹，絁三万匹，银器二百七十。左右军中尉各献钱万缗。自淮西用兵以来，度支、盐铁及四方争进奉，谓之『助军』；贼平又进奉，谓之『贺礼』；后又进奉，谓之『助赏』；上加尊号又进奉，亦谓之『贺礼』。丁酉，以河阳节度使令狐楚为中书侍郎、同平章事。楚与皇甫镈同年进士，故镈引以为相。

朝廷闻沂州军乱，甲辰，以棣州刺史曹华为沂、海、兖、密观察使。

韩弘累表请留京师。八月，己酉，以弘守司徒，兼中书令。癸丑，以吏部尚书张弘靖同平章事，充宣武节度使。弘靖，宰相子，少有令闻，立朝简默。河东、宣武阙帅，朝廷以其位望素重，使镇之。弘靖承王锷聚敛之馀，韩弘严猛之后，两镇喜其廉谨宽大，故上下安之。

己未，田弘正入朝，上待之尤厚。

戊辰，陈许节度使郗士美薨，以库部员外郎李渤为吊祭使。渤上言：『臣过渭南，闻长源乡旧四百户，今才百馀户，阌乡县旧三千户，今才千户，其它州县大率相似。迹其所以然，皆由以逃户税摊于比邻，致驱迫俱逃，此皆聚敛之臣剥下媚上，惟思竭泽，不虑无鱼。乞降诏书，绝摊逃之弊。尽逃户之产偿税，不足者乞免之。计不数年，人皆复于农矣。』执政见而恶之，渤遂谢病，归东都。

癸酉，吐蕃寇庆州，营于方渠。

朝廷议兴兵讨王弁，恐青、郓相扇继变，乃除弁开州刺史，遣中使赐以告身。中使给之曰：『开州计已有人迎候道路，留后宜速发。』弁即日发沂州，导从尚百馀人，入徐州境，所在减之，其众亦稍逃散，遂加以杻械，乘驴入关。九月，戊寅，腰斩东市。先是，三分郓兵以隶三镇，及王遂死，朝廷以为师道馀党凶态未除，命曹华引棣州兵赴镇以讨之。沂州将士迎候者，华皆以好言抚之，使先入城，慰安其馀，众皆不疑。华视事三日，大飨将士，伏甲士千人于幕下，乃集众而谕之曰：『天子以郓人有迁徙之劳，特加优给，宜令郓人处左，沂人处右。』既定，令沂人皆出，因阖门，谓郓人曰：『王常侍以天子之命为帅于此，将士何得辄害之！』语未毕，伏者出，围而杀之，死者千二百人，无一得脱者。门屏间赤雾高丈馀，久之方散。

臣光曰：《春秋》书楚子虔诱蔡侯般杀之于申。彼列国也，孔子犹深贬之，恶其诱讨也，况为天子而诱匹夫乎！王遂以聚敛之才，殿新造之邦，用苛虐致乱。王弁庸夫，乘衅窃发，苟沂帅得人，戮之易于犬豕耳，何必以天子诏书为诱人之饵乎！且作乱者五人耳，乃使曹华设诈，屠千馀人，不亦滥乎！然则自今士卒孰不猜其将帅，将帅何以令其士卒！上下盻盻，如寇仇聚处，得间则更相鱼肉，惟先发者为雄耳，祸乱何时而弭哉！惜夫！宪宗削平僭乱，几致升平，其美业所以不终，由苟徇近功不敦大信故也。

甲辰，以田弘正兼侍中，魏博节度使如故。弘正三表请留，上不许。弘正常恐一旦物故，魏人犹以故事继袭，故兄弟子侄皆仕诸朝，上皆擢居显列，朱紫盈庭，时人荣之。

乙巳，上问宰相：『玄宗之政，先理而后乱，何也？』崔群对曰：『玄宗用姚崇、宋璟、卢怀慎、苏颋、韩休、张九龄则理，用宇文融、李林甫、杨国忠则乱。故用人得失，所系非轻。人皆以天宝十四年安禄山反为乱之始，臣独以为开元二十四年罢张九龄相，专任李林甫，此理乱之所分也。愿陛下以开元初为法，以天宝末为戒，乃社稷无疆之福！』皇甫镈深恨之。

冬，十月，壬戌，容管奏安南贼杨清陷都护府，杀都护李象古及妻子、官属、部曲千馀人。象古，道古之兄也，以贪纵苛刻失众心。清世为蛮酋，象古召为牙将，清郁郁不得志。象古命清将兵三千讨黄洞蛮，清因人心怨怒，引兵夜还，袭府城，陷之。初，蛮贼黄少卿，自贞元以来数反覆，桂管观察使裴行立、容管经略使阳旻欲徼幸立功，争请讨之，上从之。岭南节度使孔戣屡谏曰：『此禽兽耳，但可自计利害，不足与论是非。』上不听，大发江、湖兵会容、桂二管入讨，士卒被瘴疠，死者不可胜计。安南乘

之，遂杀都护。行立、旻竟无功，二管凋弊，惟戣所部晏然。

丙寅，以唐州刺史桂仲武为安南都护，赦杨清，以为琼州刺史。

是岁，吐蕃节度论三摩等将十五万众围盐州，党项亦发兵助之。刺史李文悦竭力拒守，凡二十七日，吐蕃不能克。灵武牙将史奉敬言于朔方节度使杜叔良，请兵三千，赍三十日粮，深入吐蕃以解盐州之围。叔良以二千五百人与之。奉敬行旬馀，无声问，朔方人以为俱没矣。无何，奉敬自他道出吐蕃背，吐蕃大惊，溃去。奉敬奋击，大破之，杀获不可胜计。奉敬与凤翔将野诗良浦、泾原将郝玼皆以勇著名于边，吐蕃惮之。

柳泌至台州，驱吏民采药，岁馀，无所得而惧，举家逃入山中。浙东观察使捕送京师。皇甫镈、李道古保护之，上复使待诏翰林；服其药，日加躁渴。起居舍人裴潾上言，以为：『除天下之害者受天下之利，同天下之乐者飨天下之福，自黄帝至于文、武，享国寿考，皆用此道也。自去岁以来，所在多荐方士，转相汲引，其数浸繁。借令天下真有神仙，彼必深潜岩壑，惟畏人知。凡候伺权贵之门，以大言自衒奇技惊众者，皆不轨徇利之人，岂可信其说而饵其药邪！夫药以愈疾，非朝夕常饵之物。况金石酷烈有毒，又益以火气，殆非人五藏之所能胜也。古者君饮药，臣先尝之，乞令献药者先自饵一年，则真伪自可辨矣。』上怒，十一月，己亥，贬潾江陵令。

初，群臣议上尊号，皇甫镈欲增『孝德』字，中书侍郎、同平章事崔群曰：『言圣则孝在其中矣。』镈谮群于上曰：『群于陛下惜「孝德」二字。』上怒。时镈给边军赐与，多不时得，又所给多陈败，不可服用，军士怨怒，流言欲为乱。李光颜忧惧，欲自杀。遣人诉于上，上不信。京师恟惧，群具以中外人情上闻。镈密言于上曰：『边赐皆如旧制，而人情忽如此者，由群鼓扇，将以卖直，归怨于上也。』上以为然。十二月，乙卯，以群为湖南观察使，于是中外切齿于镈矣。

中书舍人武儒衡，有气节，好直言，上器之，顾待甚渥，人皆言其且入相。令狐楚忌之，思有以沮之者，乃荐山南东道节度推官狄兼谟才行。癸亥，擢兼谟左拾遗内供奉。兼谟，仁杰之族曾孙也。楚自草制辞，盛言『天后窃位，奸臣擅权，赖仁杰保佑中宗，克复明辟。』儒衡泣诉于上，且言：『臣曾祖平一，在天后朝，辞荣终老。』上由是薄楚之为人。

十五年（庚子，公元八二〇年）

春，正月，沂、海、兖、密观察使曹华请徙理兖州，许之。

义成节度使刘悟入朝。

初，左军中尉吐突承璀谋立澧王恽为太子，上不许。及上寝疾，承璀谋尚未息。太

子闻而忧之，密遣人问计于司农卿郭钊。钊曰：『殿下但尽孝谨以俟之，勿恤其他。』钊，太子之舅也。上服金丹，多躁怒，左右宦官往往获罪，有死者，人人自危。庚子，暴崩于中和殿。时人皆言内常侍陈弘志弑逆，其党类讳之，不敢讨贼，但云药发，外人莫能明也。

中尉梁守谦与诸宦官马进潭、刘承偕、韦元素、王守澄等共立太子，杀吐突承璀及澧王恽，赐左、右神策军士钱人五十缗，六军、威远人三十缗，左、右金吾人十五缗。

闰月，丙午，穆宗即位于太极殿东序。是日，召翰林学士段文昌等及兵部郎中薛放、驾部员外郎丁公著对于思政殿。放，戎之弟；公著，苏州人；皆太子侍读也。上未听政，放、公著常侍禁中，参预机密，上欲以为相，二人固辞。

丁未，辍西宫朝临，集群臣于月华门外。贬皇甫镈为崖州司户；市井皆相贺。

上议命相，令狐楚荐御史中丞萧俛。辛亥，以俛及段文昌皆为中书侍郎、同平章事。楚、俛与皇甫镈皆同年进士，上欲诛镈，俛及宦官救之，故得免。壬子，杖杀柳泌及僧大通，自馀方士皆流岭表，贬左金吾将军李道古循州司马。

癸丑，以薛放为工部侍郎，丁公著为给事中。乙卯，尊郭贵妃为皇太后。

丁卯，上与群臣皆释服从吉。二月，丁丑，上御丹凤门楼，赦天下。事毕，盛陈倡优杂戏于门内而观之。丁亥，上幸左神策军观手搏杂戏。庚寅，监察御史杨虞卿上疏，以为：『陛下宜延对群臣，周遍顾问，惠以气色，使进忠若趋利，论政若诉冤，如此而不致升平者，未之有也。』衡山人赵知微亦上疏谏上游畋无节。上虽不能用，亦不罪也。壬辰，废邕管，命容管经略使阳旻兼领之。

安南都护桂仲武至安南，杨清拒境不纳。清用刑惨虐，其党离心。仲武遣人说其酋豪，数月间，降者相继，得兵七千馀人。朝廷以仲武为逗遛，甲午，以桂管观察使裴行立为安南都护。乙未，以太仆卿杜式方为桂管观察使。丙申，贬仲武为安州刺史。

丹王逾薨。

吐蕃寇灵武。

宪宗之末，回鹘遣合达干来求婚尤切，宪宗许之。三月，癸卯朔，遣合达干归国。

上见夏州观察判官柳公权书迹，爱之。辛酉，以公权为右拾遗、翰林侍书学士。上问公权：『卿书何能如是之善？』对曰：『用笔在心，心正则笔正。』上默然改容，知其以笔谏也。公权，公绰之弟也。

辛未，安南将士开城纳桂仲武，执杨清，斩之。裴行立至海门而卒。复以仲武为安南都护。

吐蕃寇盐州。

初，膳部员外郎元稹为江陵士曹，与监军崔潭峻善。上在东宫，闻宫人诵稹歌诗而善之。及即位，潭峻归朝，献稹歌诗百馀篇。上问：「稹安在？」对曰：「今为散郎。」夏，五月，庚戌，以稹为祠部郎中、知制诰。朝论鄙之。会同僚食瓜于阁下，有蝇集其上，中书舍人武儒衡以扇挥之曰：「适从何来，遽集于此！」同僚皆失色，儒衡意气自若。

庚申，葬神圣章武孝皇帝于景陵，庙号宪宗。

六月，以湖南观察使崔群为吏部侍郎，召对别殿。上曰：「朕升储副，知卿为羽翼。」对曰：「先帝之意，久属圣明，臣何力之有！」

太后居兴庆宫，每朔望，上帅百官诣宫上寿。上性侈，所以奉养太后尤为华靡。

秋，七月，乙巳，以郓、曹、濮节度为天平军。

门下侍郎、同平章事令狐楚坐为山陵使，部吏盗官物，又不给工人佣直，收其钱十五万缗为羡馀献之，怨诉盈路。丁卯，罢为宣、歙、池观察使。

八月，癸巳，发神策兵二千浚鱼藻池。戊戌，以御史中丞崔植为中书侍郎、同平章事。

己亥，再贬令狐楚衡州刺史。

上甫过公除，即事游畋声色，赐与无节。九月，欲以重阳大宴，拾遗李珏帅其同僚上疏曰：「伏以元朔未改，园陵尚新，虽陛下就易月之期，俯从人欲；而《礼经》著三年之制，犹服心丧。遵同轨之会始离京，告远夷之使未复命。遏密弛禁，盖为齐人。合乐后庭，事将未可。」上不听。

戊午，加邠宁节度使李光颜、武宁节度使李愬并同平章事。

冬，十月，王承宗薨，其下秘不发丧，子知感、知信皆在朝，诸将欲取帅于属内诸州。参谋崔燧以承宗祖母凉国夫人命，告谕诸将及亲兵，立承宗之弟观察支使承元。承元时年二十，将士拜之，承元不受，泣且拜，诸将固请不已，承元曰：「天子遣中使监军，有事当与之议。」及监军至，亦劝之。承元曰：「诸公未忘先德，不以承元年少，欲使之摄军务，承元请尽节天子以遵忠烈王之志，诸公肯从之乎！」众许诺。承元乃视事于都将听事，令左右不得谓己为留后，委事于参佐，密表请朝廷除帅。庚辰，监军奏承宗疾亟，弟承元权知留后，并以承元表闻。

党项复引吐蕃寇泾州，连营五十里。

辛巳，遣起居舍人柏耆诣镇州宣慰。

午，群臣入阁。谏议大夫郑覃、崔郾等五人进言：「陛下宴乐过多，游畋无度。今胡寇压境，忽有急奏，不知乘舆所在。又晨夕与近习倡优狎昵，赐与过厚。夫金帛皆百姓膏血，非有功不可与。虽内藏有余，愿陛下爱之，万一四方有事，不复使有司重敛百姓。」时久无阁中论事者，上始甚讶之，谓宰相曰：「此辈何人？」对曰：「谏官。」上乃使人慰劳之，曰：「当依卿言。」宰相皆贺，然实不能用也。覃，珣瑜之子也。上尝谓给事中丁公著曰：「闻外间人多宴乐，此乃时和人安，足用为慰。」公著对曰：「此非佳事，恐渐劳圣虑。」上曰：「何故？」对曰：「自天宝以来，公卿大夫竞为游宴，沉酣昼夜，优杂子女，不愧左右。如此不已，则百职皆废，陛下能无独忧劳乎！愿少加禁止，乃天下之福也。」

癸未，泾州奏吐蕃进营距州三十里，告急求救。以右军中尉梁守谦为左、右神策京西、北行营都监，将兵四千人，并发八镇全军救之。赐将士装钱二万缗。以郯王府长史邵同为太府少卿兼御史中丞，充答吐蕃请和好使。初，秘书少监田洎入吐蕃为吊祭使，吐蕃请与唐盟于长武城下，洎恐吐蕃留之不得还，唯阿而已。既而吐蕃为党项所引入寇，因以为辞曰：「田洎许我将兵赴盟。」于是贬洎郴州司户。

成德军始奏王承宗薨。乙酉，徙田弘正为成德节度使，以王承元为义成节度使。刘悟为昭义节度使，李愬为魏博节度使。又以左金吾将军田布为河阳节度使。

泾州刺史郝玼数出兵袭吐蕃营，所杀甚众。李光颜发邠宁兵救泾州。邠宁兵以神策受赏厚，皆愠曰：「人给五十缗而不识战斗，彼何人邪！常额衣资不得而前冒白刃者，此何人邪！」汹汹不可止。光颜亲为开陈大义以谕之，言与涕俱，然后军士感悦而行。将至泾州，吐蕃惧而退。丙戌，西川奏吐蕃寇雅州。辛卯，盐州奏吐蕃营于乌、白池，寻亦皆退。

十一月，癸卯，遣谏议大夫郑覃诣镇州宣慰，赐钱一百万缗以赏将士。王承元既请朝命，诸将及邻道争以故事劝之，承元皆不听。及移镇义成，将士喧哗不受命，承元与柏耆召诸将以诏旨谕之，诸将号哭不从。承元出家财以散之，择其有劳者擢之，谓曰：「诸公以先代之故，不欲承元去，此意甚厚。然使承元违天子之诏，其罪大矣。昔李师道之未败也，朝廷尝赦其罪，师道欲行，诸将固留之。其后杀师道者亦诸将也。诸将勿使承元为师道，则幸矣。」因涕泣不自胜，且拜之。牙将李寂等十余人固留承元，承元斩以徇，军中乃定。丁未，承元赴滑州。将吏或以镇州器用财货行，承元悉命留之。

上将幸华清宫。戊午，宰相率两省供奉官诣延英门，三上表切谏，且言：「若必臣等当扈从。」求面对，不许。谏官伏门下，至暮，乃退。己未，未明，上自复道出城，幸华清宫，独公主、驸马、中尉、神策六军使帅禁兵千馀人扈从，晡时还宫。

十二月，己巳朔，盐州奏：吐蕃千馀人围乌、白池。

庚辰，西川奏南诏二万人入界，请讨吐蕃。

癸未，容管奏破黄少卿万馀众，拔营栅三十六。时少卿久未平，国子祭酒韩愈上言：『臣去年贬岭外，熟知黄家贼事。其贼无城郭可居，依山傍险，自称洞主，寻常亦各营生，急则屯聚相保。比缘邕管经略使多不得人，德既不能绥怀，威又不能临制，侵欺虏缚，以致怨恨。遂攻劫州县，侵暴平人，或复私仇，或贪小利，或聚或散，终亦不能为事。近者征讨本起裴行立、阳旻，此两人者本无远虑深谋，意在邀功求赏。亦缘见贼未屯聚之时，将谓单弱，争献谋计。自用兵以来，已经二年，前后所奏杀获计不下二万馀人，倘皆非虚，贼已寻尽。至今贼犹依旧，足明欺罔朝廷。邕、容两管，经此凋弊，杀伤疾疫，十室九空，如此不已，臣恐岭南一道未有宁息之时。自南讨已来，贼徒亦甚伤损，察其情理，厌苦必深。贼所处荒僻，假如尽杀其人，尽得其地，在于国计不为有益。若因改元大庆，赦其罪戾，遣使宣谕，必望风降伏。仍为选择有威信者为经略使，苟处置得宜，自然永无侵叛之事。』上不能用。

穆宗睿圣文惠孝皇帝上

长庆元年（辛丑，公元八二一年）

春，正月，辛丑，上祀圜丘。赦天下，改元。河北诸道各令均定两税。

门下侍郎、同平章事萧俛，介洁疾恶，为相，重惜官职，少所引拔。西川节度使王播大修贡奉，且以赂结宦官，求为相，段文昌复左右之。诏征播诣京师。俛屡于延英力争，言：『播纤邪，物论沸腾，不可以污台司。』上不听。己未，播至京师。

壬戌，俛罢为右仆射。俛固辞仆射，二月，癸酉，改吏部尚书。

卢龙节度使刘总既杀其父兄，心常自疑，数见父兄为祟。常于府舍饭僧数百，使昼夜为佛事，每视事退则处其中，或处他室，则惊悸不敢寐。晚年，恐惧尤甚。亦见河南、北皆从化，己卯，奏乞弃官为僧。仍乞赐钱百万缗以赏将士。

上面谕西川节度使王播令归镇，播累表乞留京师。会中书侍郎、同平章事段文昌请退，壬申，以文昌同平章事，充西川节度使；以翰林学士杜元颖为户部侍郎、同平章事。以播为刑部尚书，充盐铁转运使。元颖，淹之六世孙也。

回鹘保义可汗卒。

三月，癸丑，以刘总兼侍中，充天平节度使。以宣武节度使张弘靖为卢龙节度使。

乙卯，以权知京兆尹卢士玫为瀛莫观察使。

丁巳，诏刘总兄弟子侄皆除官，大将僚佐亦宜超擢，百姓给复一年，军士赐钱一百万缗。

戊午，立皇弟憬为鄜王，悦为琼王，茕为沔王，怿为婺王，愔为茂王，怡为光王，协为淄王，憺为衢王，惋为澶王；皇子湛为景王，涵为江王，凑为漳王，溶为安王，瀍为颍王。

刘总奏恳乞为僧，且以其私第为佛寺。诏赐总名大觉，寺名报恩，遣中使以紫僧服及天平节钺、侍中告身并赐之，惟其所择。诏未至，总已削发为僧，将士欲遮留之，总杀其唱帅者十馀人，夜，以印节授留后张玘，遁去。及明，军中始知之。玘奏总不知所在。癸亥，卒于定州之境。

翰林学士李德裕，吉甫之子也，以中书舍人李宗闵尝对策讥切其父，恨之。宗闵又与翰林学士元稹争进取有隙。右补阙杨汝士与礼部侍郎钱徽掌贡举，西川节度使段文昌、翰林学士李绅各以书属所善进士于徽；及榜出，文昌、绅所属皆不预，及第者，郑朗，覃之弟；裴譔，度之子；苏巢，宗闵之婿；杨殷士，汝士之弟也。文昌言于上曰：『今岁礼部殊不公，所取进士皆子弟无艺，以关节得之。』上以问诸学士，德裕、稹、绅皆曰：『诚如文昌言。』上乃命中书舍人王起等复试。夏，四月，丁丑，诏黜朗等十人，贬徽江州刺史，宗闵剑州刺史，汝士开江令。或劝徽奏文昌、绅属书，上必悟。徽曰：『苟无愧心，得丧一致，奈何奏人私书，岂士君子所为邪！』取而焚之，时人多之。绅，敬玄之曾孙；起，播之弟也。自是德裕、宗闵各分朋党，更相倾轧，垂四十年。

丙戌，册回鹘嗣君为登啰羽录没密施句主毗伽崇德可汗。

五月，丙申朔，回鹘遣都督、宰相等五百馀人来迎公主。

壬子，盐铁使王播奏：约榷茶额，每百钱加税五十。右拾遗李珏等上疏，以为：『榷茶近起贞元多事之际，今天下无虞，所宜宽横敛之目，而更增之，百姓何时当得息肩！』不从。

丙辰，建王恪薨。

癸亥，以太和长公主嫁回鹘。公主，上之妹也。吐蕃闻唐与回鹘婚，六月，辛未，寇青塞堡，盐州刺史李文悦击却之。戊寅，回鹘奏：『以万骑出北庭，万骑出安西，拒吐蕃以迎公主。』

初，刘总奏分所属为三道：以幽、涿、营为一道，请除张弘靖为节度使；平、蓟、

妫、檀为一道，请除平卢节度使薛平为节度使；瀛、莫为一道，请除权知京兆尹卢士玫为观察使。弘靖先在河东，以宽简得众，总与之邻境，闻其风望，以燕人桀骜日久，故举弘靖自代以安辑之。平，嵩之子，知河朔风俗，而尽诚于国。故举之。士玫，则总妻族之亲也。总又尽择麾下宿将有功伉健难制者都知兵马使朱克融等送之京师，乞加奖拔，使燕人有慕羡朝廷禄位之志。又献征马万五千匹，然后削发委去。克融，滔之孙也。

是时上方酣宴，不留意天下之务，崔植、杜元颖无远略，不知安危大体，苟欲崇重弘靖，惟割瀛、莫二州，以士玫领之，自馀皆统于弘靖。朱克融等久羁旅京师，至假丐衣食，日诣中书求官，植、元颖不之省。及除弘靖幽州，勒克融辈归本军驱使，克融辈皆愤怨。

先是，河北节度使皆亲冒寒暑，与士卒均劳逸。及弘靖至，雍容骄贵，肩舆于万众之中，燕人讶之。弘靖庄默自尊，涉旬乃一出坐决事，宾客将吏罕得闻其言，情意不接，政事多委之幕僚。而所辟判官韦雍辈多年少轻薄之士，嗜酒豪纵，出入传呼甚盛，或夜归烛火满街，皆燕人所不习也。诏以钱百万缗赐将士，弘靖留其二十万缗充军府杂用，雍辈复裁刻军士粮赐，绳之以法，数以反虏诟责吏卒，谓军士曰：『今天下太平，汝曹能挽两石弓，不若识一丁字！』由是军中人人怨怒。

资治通鉴卷第二百四十二

唐纪五十八 起重光赤奋若七月，尽玄黓摄提格，凡一年有奇。

穆宗睿圣文惠孝皇帝中

长庆元年（辛丑，公元八二一年）

秋，七月，甲辰，韦雍出，逢小将策马冲其前导。雍命曳下，欲于街中杖之。河朔军士不贯受杖，不服。雍以白弘靖，弘靖命军虞候系治之。是夕，士卒连营呼噪作乱，将校不能制，遂入府舍，掠弘靖货财、妇女，囚弘靖于蓟门馆，杀幕僚韦雍、张宗元、崔仲卿、郑埙、都虞候刘操、押牙张抱元。明日，军士稍稍自悔，悉诣馆谢弘靖，请改心事之，凡三请，弘靖不应，军士乃相谓曰：『相公无言，是不赦吾曹。军中岂可一日无帅！』乃相与迎旧将朱洄，奉以为留后。洄，克融之父也，时以疾废卧家，自辞老病，请使克融为之，众从之。众以判官张彻长者，不杀。彻骂曰：『汝何敢反，行且族灭！』众共杀之。

壬子，群臣上尊号曰文武孝德皇帝。赦天下。

甲寅，幽州监军奏军乱。丁巳，贬张弘靖为宾客、分司。己未，再贬吉州刺史。庚申，以昭义节度使刘悟为卢龙节度使。悟以朱克融方强，奏请『且授克融节钺，徐图之。』乃复以悟为昭义节度使。

辛酉，太和公主发长安。

初，田弘正受诏镇成德，自以久与镇人战，有父兄之仇，乃以魏兵二千从赴镇，因留以自卫，奏请度支供其粮赐。户部侍郎、判度支崔倰，性刚褊，无远虑，以为魏、镇各自有兵，恐开事例，不肯给。弘正四上表，不报；不得已，遣魏兵归。倰，沔之孙也。弘正厚于骨肉，兄弟子侄在两都者数十人，竞为侈靡，日费约二十万，弘正辇魏、镇之货以供之，相属于道。河北将士颇不平。诏以钱百万缗赐成德军，度支辇运不时至，军士益不悦。都知兵马使王庭凑，本回鹘阿布思之种也，性果悍阴狡，潜谋作乱，每抉其细故以激怒之，尚以魏兵故，不敢发。及魏兵去，壬戌夜，庭凑结牙兵噪于府署，杀弘正及僚佐、元从将吏并家属三百馀人。庭凑自称留后，逼监军宋惟澄奏求节钺。八月，癸巳，惟澄以闻，朝廷震骇。崔倰于崔植为再从兄，故时人莫敢言其罪。

初，朝廷易置魏、镇帅臣，左金吾将军杨元卿上言，以为非便，又诣宰相深陈利害。及镇州乱，上赐元卿白玉带。辛未，以元卿为泾原节度使。

瀛莫将士家属多在幽州，壬申，莫州都虞候张良佐潜引朱克融兵入城，刺史吴晖不知所在。

癸酉，王庭凑遣人杀冀州刺史王进岌，分兵据其州。

魏博节度使李愬闻田弘正遇害，素服令将士曰：『魏人所以得通圣化，至今安宁富乐者，田公之力也。今镇人不道，辄敢害之，是轻魏以为无人也。诸君受田公恩，宜如何报之？』众皆恸哭。深州刺史牛元翼，成德良将也，愬使以宝剑、玉带遗之，曰：『昔吾先人以此剑创立大勋，吾又以之平蔡州，今以授公，努力翦庭凑。』元翼以剑、带徇于军，报曰：『愿尽死！』愬将出兵，会疾作，不果。元翼，赵州人也。

乙亥，起复前泾原节度使田布为魏博节度使，令乘驿之镇。布固辞不获，与妻子宾客诀曰：『吾不还矣！』悉屏去旌节导从而行，未至魏州三十里，被发徒跣，号哭而入，居于垩室。月俸千缗，一无所取，卖旧产，得钱十馀万缗，皆以颁士卒，旧将老者兄事之。

丙子，瀛州军乱，执观察使卢士玫及监军僚佐送幽州，囚于客馆。

王庭凑遣其将王立攻深州，不克。

丁丑，诏魏博、横海、昭义、河东、义武诸军各出兵临成德之境，若王庭凑执迷不复，宜即进讨。成德大将王俭等五人谋杀王庭凑，事泄，并部兵三千人皆死。

己卯，以深州刺史牛元翼为深冀节度使。

丁亥，以殿中侍御史温造为起居舍人，充镇州四面诸军宣慰使，历泽潞、河东、魏博、横海、深冀、易定等道，谕以军期。造，大雅之五世孙也。己丑，以裴度为幽、镇两道招抚使。

癸巳，王庭凑引幽州兵围深州。

九月，乙巳，相州军乱，杀刺史邢滍。

吐蕃遣其礼部尚书论讷罗来求盟。庚戌，以大理卿刘元鼎为吐蕃会盟使。

壬子，朱克融焚掠易州、涞水、遂城、满城。

自定两税法以来，钱日重，物日轻，民所输三倍其初，诏百官议革其弊。户部尚书杨于陵以为：『钱者所以权百货，留迁有无，所宜流散，不应蓄聚。今税百姓钱藏之公府。又，开元中天下铸钱七十馀炉，岁入百万，今才十馀炉，岁入十五万，又积于商贾之室及流入四夷。又，大历以前淄青、太原、魏博贸易杂用铅铁，岭南杂用金、银、丹砂、象齿，今一用钱。如此，则钱焉得不重，物焉得不轻！今宜使天下输税课者皆用谷、帛，广铸钱而禁滞积及出塞者，则钱日滋矣。』朝廷从之，始令两税皆输布、丝、纩；独盐、酒课用钱。

冬，十月，丙寅，以盐铁转运使、刑部尚书王播为中书侍郎、同平章事，使职如

故。播为相，专以承迎为事，未尝言国家安危。

以裴度为镇州四面行营都招讨使。左领军大将军杜叔良，以善事权幸得进；时幽、镇兵势方盛，诸道兵未敢进，上欲功速成，宦官荐叔良，以为深州诸道行营节度使。以牛元翼为成德节度使。

癸酉，命宰相及大臣凡十七人与吐蕃论讷罗盟于城西。遣刘元鼎与讷罗入吐蕃，亦与其宰相以下盟。

乙亥，以沂州刺史王智兴为武宁节度使。先是，副使皆以文吏为之，上闻智兴有勇略，欲用之于河北，故以是宠之。

丁丑，裴度自将兵出承天军故关以讨王庭凑。

朱克融遣兵寇蔚州。

戊寅，王庭凑遣兵寇贝州。

己卯，易州刺史柳公济败幽州兵于白石岭，杀千馀人。

庚辰，横海军节度使乌重胤奏败成德兵于饶阳。

辛巳，魏博节度使田布将全军三万人讨王庭凑，屯于南宫之南，拔其二栅。

翰林学士元稹与知枢密魏弘简深相结，求为宰相，由是有宠于上，每事咨访焉。稹无怨于裴度，但以度先达重望，恐其复有功大用，妨己进取，故度所奏画军事，多与弘简从中沮坏之。度乃上表极陈其朋比奸蠹之状，以为：『逆竖构乱，震惊山东，奸臣作朋，挠败国政。陛下欲扫荡幽、镇，先宜肃清朝廷。何者？为患有大小，议事有先后。河朔逆贼，只乱山东；禁闱奸臣，必乱天下；是则河朔患小，禁闱患大。小者臣与诸将必能剪灭，大者非陛下觉寤制断无以驱除。今文武百寮，中外万品，有心者无不愤忿，有口者无不咨嗟，直以奖用方深，不敢抵触，恐事未行而祸已及，不为国计，且为身谋。臣自兵兴以来，所陈章疏，事皆要切，所奉书诏，多有参差，蒙陛下委付之意不轻，遭奸臣抑损之事不少。臣素与佞幸亦无仇嫌，正以臣前请乘传诣阙，面陈军事，奸臣最所畏惮，恐臣发其过恶，百计止臣。臣又请与诸军齐进，随便攻讨，奸臣恐臣或有成功，曲加阻碍，逗遛日时。进退皆受羁牵，意见悉遭蔽塞。但欲令臣失所，使臣无成，则天下理乱，山东胜负，悉不顾矣。为臣事君，一至于此！若朝中奸臣尽去，则河朔逆贼不讨自平；若朝中奸臣尚存，则逆贼纵平无益。陛下倘未信臣言，乞出臣表，使百官集议，彼不受责，臣当伏辜。』表三上，上虽不悦，以度大臣，不得已，癸未，以弘简为弓箭库使，稹为工部侍郎。稹虽解翰林，恩遇如故。

宿州刺史李直臣坐赃当死，宦官受其赂，为之请，御史中丞牛僧孺固请诛之。上曰：「直臣有才，可惜！」僧孺对曰：「彼不才者，无过温衣饱食以足妻子，安足恤！本设法令，所以擒制有才之人。安禄山、朱泚皆才过于人，法不能制者也。」上从之。

横海节度使乌重胤将全军救深州，诸军倚重胤独当幽、镇东南，重胤宿将，知贼未可破，按兵观衅。上怒，丙戌，以杜叔良为横海节度使，徙重胤为山南西道节度使。

灵武节度使李进诚奏败吐蕃三千骑于大石山下。

十一月，辛酉，淄青节度使薛平奏突将马廷崟作乱，伏诛。时幽、镇兵攻棣州，平遣大将李叔佐将兵救之。刺史王稷供馈稍薄，军士怨怒，宵溃，推马廷崟为主，行且收兵，至七千余人，径逼青州。城中兵少，不敌。平悉发府库及家财召募，得精兵二千人，逆战，大破之，斩廷崟。其党死者数千人。横海节度使杜叔良将诸道兵与镇人战，遇敌辄北。镇人知其无勇，常先犯之。十二月，庚午，监军谢良通奏叔良大败于博野，失亡七千余人。叔良脱身还营，丧其旌节。

丁丑，义武节度使陈楚奏败朱克融兵于望都及北平，斩获万余人。

戊寅，以凤翔节度使李光颜为忠武节度使，兼深州行营节度使，代杜叔良。

自宪宗征伐四方，国用已虚。上即位，赏赐左右及宿卫诸军无节，及幽、镇用兵久无功，府藏空竭，势不能支。执政乃议：「王庭凑杀田弘正而朱克融全张弘靖，罪有重轻，请赦克融，专讨庭凑。」上从之。乙酉，以朱克融为平卢节度使。

戊子，义武奏破莫州清源等三栅，斩获千余人。

二年（壬寅，公元八二二年）

春，正月，丁酉，幽州兵陷弓高。先是，弓高守备甚严，有中使夜至，守将不内，旦，乃得入，中使大诟怒。贼谍知之，他日，伪遣人为中使，投夜至城下，守将遽内之，贼众随之，遂陷弓高。又围下博。中书舍人白居易上言，以为：「自幽、镇逆命，朝廷征诸道兵，计十七八万，四面攻围，已逾半年，王师无功，贼势犹盛。弓高既陷，粮道不通，下博、深州，饥穷日急。盖由节将太众，其心不齐，莫肯率先，递相顾望。又，朝廷赏罚，近日不行，未立功者或已拜官，已败衄者不闻得罪。既无惩劝，以至迁延，若不改张，必无所望。请令李光颜将诸道劲兵约三四万人从东速进，开弓高粮路，合下博诸军解深州重围，与元翼合势。令裴度将太原全军兼招讨旧职，西面压境，观衅而动。若乘虚得便，即令同力剪除；若战胜贼穷，亦许受降纳款。如此，则夹攻以分其力，招谕以动其心，必未及诛夷，自生变故。又请诏光颜选诸道兵精锐者留之，其余不可用者悉遣归本道，自守土疆。盖兵多而不精，岂惟虚费资粮，兼恐挠败军阵故也。今既只留东西二帅，请各置都监一人，诸道监军一时停罢。如此，则众齐令一，必有

四千馀缗，当州今岁旱灾，田损什九。陛下奈何于大旱中征三十六年前逋负！」诏悉免之。

邕州人不乐属容管，刺史李元宗以吏人状授御史，使奏之。容管经略使严公素闻之，遣吏按元宗擅以罗阳县归蛮酋黄少度。五月，壬寅，元宗将兵百人并州印奔黄洞。

王庭凑之围牛元翼也，和王傅于方欲以奇策于进，言于元稹，请「遣客王昭、于友明间说贼党，使出元翼。仍赂兵、吏部令史伪出告身二十通，令以便宜给赐。」稹皆然之，有李赏者，知其谋，乃告裴度，云方为稹结客刺度，度隐而不发。赏诣左神策告其事。丁巳，诏左仆射韩皋等鞫之。

戊午，幽州节度使朱克融进马万匹，羊十万口，而表云先请其直充犒赏。

三司按于方刺裴度事，皆无验。六月，甲子，度及元稹皆罢相，度为右仆射，稹为同州刺史。以兵部尚书李逢吉为门下侍郎、同平章事。

党项寇灵州、渭北，掠官马。

谏官上言：「裴度无罪，不当免相。元稹与于方为邪谋，责之太轻。」上不得已，壬申，削稹长春宫使。

吐蕃寇灵武。

庚辰，盐州奏党项都督拔跋万诚请降。

壬午，吐蕃寇盐州。

戊子，复置邕管经略使。

初，张弘靖为宣武节度使，屡赏以悦军士，府库虚竭。李愿继之，性奢侈，赏劳既薄于弘靖时，又峻威刑，军士不悦。愿以其妻弟窦瑗典宿直兵；瑗骄贪，军中恶之。牙将李臣则等作乱，秋，七月，壬辰夜，即帐中斩瑗头，因大呼，府中响应。愿与一子逾城奔郑州。乱兵杀其妻，推都押牙李烠为留后。

丙申，宋王结薨。

戊戌，宣武监军奏军乱。庚子，李烠自奏已权知留后。

乙巳，诏三省官与宰相议汴州事，皆以为宜如河北故事，授李烠节。李逢吉曰：「河北之事，盖非获已。今若并汴州弃之，则是江、淮以南皆非国家有也。」杜元颖、张平叔争之曰：「奈何惜数尺之节，不爱一方之死乎！」议未决，会宋、亳、颍三州刺史各上奏，请别命帅。上大喜，以逢吉议为然，遣中使诣三州宣慰。逢吉因请「以将军征烠入朝，以义成节度使韩充镇宣武。充，弘之弟，素宽厚得众心。脱烠旅拒，则命徐、许两军攻其左右而滑军蹙其北，充必得入矣。」上皆从之。

军士落籍者众，皆聚山泽为盗。及朱克融、王庭凑作乱，一呼而亡卒皆集。诏征诸道兵讨之，诸道兵既少，皆临时召募，乌合之众。又，诸节度既有监军，其领偏军者亦置中使监陈，主将不得专号令，战小胜则飞驿奏捷，自以为功，不胜则迫胁主将，以罪归之。悉择军中骁勇以自卫，遣羸懦者就战，故每战多败。又凡用兵，举动皆自禁中授以方略，朝令夕改，不知所从。不度可否，惟督令速战。中使道路如织，驿马不足，掠行人马以继之，人不敢由驿路行。故虽以诸道十五万之众，裴度元臣宿望，乌重胤、李光颜皆当时名将，讨幽、镇万馀之众，屯守逾年，竟无成功，财竭力尽。

崔植、杜元颖、王播为相，皆庸才，无远略。史宪诚既逼杀田布，朝廷不能讨，遂并朱克融、王庭凑以节钺授之。由是再失河朔，讫于唐亡，不能复取。朱克融既得旌节，乃出张弘靖及卢士玫。

丙寅，以牛元翼为山南东道节度使，以左神策行营乐寿镇兵马使清河傅良弼为沂州刺史，以瀛州博野镇遏使李寰为忻州刺史。良弼、寰所戍在幽、镇之间，朱克融、王庭凑互加诱胁，良弼、寰不从，各以其众坚壁，贼竟不能取，故赏之。

丙子，赐横海节度使王日简姓名为李全略。

辛巳，中书侍郎、同平章事崔植罢为刑部尚书，以工部侍郎元稹同平章事。

癸未，加李光颜横海节度、沧景观察使，其忠武、深州行营节度如故。以横海节度使李全略为德棣节度使。时朝廷以光颜悬军深入，馈运难通，故割沧景以隶之。

王庭凑虽受旌节，不解深州之围。丙戌，以知制诰东阳冯宿为山南东道节度副使，权知留后，仍遣中使入深州督牛元翼赴镇。裴度亦与幽、镇书，责以大义。朱克融即解围去，王庭凑虽引兵少退，犹守之不去。

元稹怨裴度，欲解其兵柄，故劝上雪王庭凑而罢兵。丁亥，以度为司空、东都留守，平章事如故。谏官争上言：『时未偃兵，度有将相全才，不宜置之散地。』上乃命度入朝，然后赴东都。以灵武节度使李听为河东节度使。初，听为羽林将军，有良马，上为太子，遣左右讽求之，听以职总亲军，不敢献。及河东缺帅，上曰：『李听不与朕马，是必可任。』遂用之。

昭义监军刘承偕恃恩，陵轹节度使刘悟，数众辱之，又纵其下乱法。阴与磁州刺史张汶谋缚悟送阙下，以汶代之。悟知之，讽其军士作乱，杀汶。围承偕，欲杀之，幕僚贾直言入，责悟曰：『公所为如是，欲效李司空邪！此军中安知无如公者，使李司空有知，得无笑公于地下乎！』悟遂谢直言，救免承偕，囚之府舍。

初，上在东宫，闻天下厌苦宪宗用兵，故即位，务优假将卒以求姑息。三月，壬辰

朔，诏：『神策六军使及南牙常参武官具由历、功绩，牒送中书，量加奖擢。其诸道大将久次及有功者，悉奏闻，与除官。应天下诸军，各委本道据守旧额，不得辄有减省。』于是商贾、胥吏争赂藩镇，牒补列将而荐之，即升朝籍。奏章委积，士大夫皆扼腕叹息。

武宁节度副使王智兴将军中精兵三千讨幽、镇，节度使崔群忌之，奏请即用智兴为节度使，不则召诣阙，除以他官。事未报，智兴亦自疑。会有诏赦王庭凑，诸道皆罢兵，智兴引兵先期入境。群惧，遣使迎劳，且使军士释甲而入。智兴不从。乙巳，引兵直进，徐人开门待之，智兴杀不同己者十余人，乃入府牙，见群及监军，拜伏曰：『军众之情，不可如何！』为群及判官、从吏具人马及治装，皆素所办也，遣兵卫从群，至埇桥而返。遂掠盐铁院钱帛，及诸道进奉在汴中者，并商旅之物，皆三分取二。

丙午，加朱克融、王庭凑检校工部尚书。上闻其解深州之围，故褒之，然庭凑之兵实犹在深州城下。韩愈既行，众皆危之。诏愈至境更观事势，勿遽入。愈曰：『止，君之仁；死，臣之义。』遂往，至镇，庭凑拔刃弦弓以逆之，及馆，甲士罗于庭。庭凑言曰：『所以纷纷者，乃此曹所为，非庭凑心。』愈厉声曰：『天子以尚书有将帅材，故赐之节钺，不知尚书乃不能与健儿语邪！』甲士前曰：『先太师为国击走朱滔，血衣犹在，此军何负朝廷，乃以为贼乎！』愈曰：『汝曹尚能记先太师则善矣。夫逆顺之为祸福岂远邪！自禄山、思明以来，至元济、师道，其子孙有今尚存仕宦者乎！田令公以魏博归朝廷，子孙虽在孩提，皆为美官；王承元以此军归朝廷，弱冠为节度使；刘悟、李祐，今皆为节度使；汝曹亦闻之乎！』庭凑恐众心动，麾之使出，谓愈曰：『侍郎来，欲使庭凑何为？』愈曰：『神策六军之将如牛元翼者不少，但朝廷顾大体，不可弃之耳！尚书何为围之不置。』庭凑曰：『即当出之。』因与愈宴，礼而归之。未几，牛元翼将十骑突围出，深州大将臧平等举城降，庭凑责其久坚守，杀平等将吏百八十余人。

戊申，裴度至长安，见上，谢讨贼无功。先是，上诏刘悟送刘承偕诣京师，悟托以军情，不时奉诏。上问度：『宜如何处置？』度对曰：『承偕在昭义，骄纵不法，臣尽知之，悟在行营与臣书，具论其事。时有中使赵弘亮在臣军中，持悟书去，云「欲自奏之」，不知尝奏不？』上曰：『朕殊不知也，且悟大臣，何不自奏！』对曰：『悟武臣，不知事体。然今事状籍籍如此，臣等面论，陛下犹不能决，况悟当日单辞，岂能动圣听哉！』上曰：『前事勿论，直言此时如何处置？』对曰：『陛下必欲收天下心，止应下半纸诏书，具陈承偕骄纵之罪，令悟集将士斩之，则藩镇之臣，孰不思为陛下效死！非独悟也。』上俯首良久，曰：『朕不惜承偕，然太后以为养子，今兹囚絷，太后尚未知

之，况杀之乎！卿更思其次。』度乃与王播等奏请『流承偕于远州，必得出。』上从之。后月馀，悟乃释承偕。

李光颜所将兵闻当留沧景，皆大呼西走，光颜不能制，因惊惧成疾。己酉，上表固辞横海节，乞归许州。许之。

壬子，以裴度为淮南节度使，馀如故。

加刘悟检校司徒，馀如故。自是悟浸骄，欲效河北三镇，招聚不逞，章表多不逊。

裴度之讨幽、镇也，回鹘请以兵从。朝议以为不可，遣中使止之。回鹘遣其臣李义节将三千人已至丰州北，却之，不从。诏发缯帛七万匹以赐之，甲寅，始还。

王智兴遣轻兵二千袭濠州。丙辰，刺史侯弘度弃城奔寿州。

言事者皆谓裴度不宜出外，上亦自重之。戊午，制留度辅政；以中书侍郎、同平章事王播同平章事，代度镇淮南，仍兼诸道盐铁转运使。

李寰帅其众三千出博野，王庭凑遣兵追之。寰与战，杀三百馀人，庭凑兵乃还，馀众二千犹固守博野。

复以德棣节度使李全略为横海节度使。

朝廷以新罢兵，力不能讨徐州，己未，以王智兴为武宁节度使。

夏，四月，辛酉朔，日有食之。

甲戌，以傅良弼、李寰为神策都知兵马使。

户部侍郎、判度支张平叔上言：『官自粜盐，可以获利一倍。』又请『令所由将盐就村粜易。』又乞『令宰相领盐铁使。』又请『以粜盐多少为刺史、县令殿最。』又乞『检责所在实户，据口团保，给一年盐，使其四季输价。』又『行此策后，富商大贾或行财贿，邀截喧诉，其为首者所在杖杀，连状人皆杖脊。』诏百官议其可否。兵部侍郎韩愈上言，以为：『城郭之外，少有见钱粜盐，多用杂物贸易。盐商则无物不取，或赊贷徐还，用此取济，两得利便。今令吏人坐铺自粜，非得见钱，必不敢受。如此，贫者无从得盐，自然坐失常课，如何更有倍利！又若令人吏将盐家至而户粜，必索百姓供应，骚扰极多。又，刺史、县令职在分忧，岂可惟以盐利多少为之升黜，不复考其理行！又，贫家食盐至少，或有淡食动经旬月，若据户给盐，依时征价，官吏畏罪，必用威刑，臣恐因此所在不安，此尤不可之大者也。』中书舍人韦处厚议，以为：『宰相处论道之地，杂以鹾务，实非所宜。窦参、皇甫镈皆以钱谷为相，名利难兼，卒蹈祸败。又欲鏄以重法禁人喧诉，夫强人之所不能，事必不立；禁人之所必犯，法必不得矣。』事遂寝。平叔又奏征远年逋欠。江州刺史李渤上言：『度支征当州贞元二年逃户所欠钱

四千馀缗，当州今岁旱灾，田损什九。陛下奈何于大旱中征三十六年前逋负！』诏悉免之。

邕州人不乐属容管，刺史李元宗以吏人状授御史，使奏之。容管经略使严公素闻之，遣吏按元宗擅以罗阳县归蛮酋黄少度。五月，壬寅，元宗将兵百人并州印奔黄洞。

王庭凑之围牛元翼也，和王傅于方欲以奇策干进，言于元稹，请『遣客王昭、于友明间说贼党，使出元翼。仍赂兵、吏部令史伪出告身二十通，令以便宜给赐。』稹皆然之，有李赏者，知其谋，乃告裴度，云方为稹结客刺度，度隐而不发。赏诣左神策告其事。丁巳，诏左仆射韩皋等鞫之。

戊午，幽州节度使朱克融进马万匹，羊十万口，而表云先请其直充犒赏。

三司按于方刺裴度事，皆无验。六月，甲子，度及元稹皆罢相，度为右仆射，稹为同州刺史。以兵部尚书李逢吉为门下侍郎、同平章事。

党项寇灵州、渭北，掠官马。

谏官上言：『裴度无罪，不当免相。元稹与于方为邪谋，责之太轻。』上不得已，壬申，削稹长春宫使。

吐蕃寇灵武。

庚辰，盐州奏党项都督拔跋万诚请降。

壬午，吐蕃寇盐州。

戊子，复置邕管经略使。

初，张弘靖为宣武节度使，屡赏以悦军士，府库虚竭。李愿继之，性奢侈，赏劳既薄于弘靖时，又峻威刑，军士不悦。愿以其妻弟窦瑗典宿直兵，瑗骄贪，军中恶之。牙将李臣则等作乱，秋，七月，壬辰夜，即帐中斩瑗头，因大呼，府中响应。愿与一子逾城奔郑州。乱兵杀其妻，推都押牙李𬉼为留后。

丙申，宋王结薨。

戊戌，宣武监军奏军乱。庚子，李𬉼自奏已权知留后。

乙巳，诏三省官与宰相议汴州事，皆以为宜如河北故事，授李𬉼节。李逢吉曰：『河北之事，盖非获已。今若并汴州弃之，则是江、淮以南皆非国家有也。』杜元颖、张平叔争之曰：『奈何惜数尺之节，不爱一方之死乎！』议未决，会宋、亳、颍三州刺史各上奏，请别命帅。上大喜，以逢吉议为然，遣中使诣三州宣慰。逢吉因请『以将军征𬉼入朝，以义成节度使韩充镇宣武。充，弘之弟，素宽厚得众心。脱𬉼旅拒，则命徐、许两军攻其左右而滑军蹙其北，充必得入矣。』上皆从之。

丙午，贬李愿为随州刺史，以韩充为宣武节度兼义成节度使。征李㶲为右金吾将军，㶲不奉诏。宋州刺史高承简斩其使者，㶲遣兵二千攻之，陷宁陵、襄邑。宋州有三城，贼已陷其南城，承简保北二城，与贼十馀战。癸丑，忠武节度使李光颜将兵二万五千讨李㶲，屯尉氏。兖海节度使曹华闻㶲作乱，不俟诏，即发兵讨之。㶲遣兵三千人攻宋州，适至城下，丙辰，华逆击，破之。丁巳，李光颜败宣武兵于尉氏，斩获二千馀人。

八月，辛酉，大理卿刘元鼎自吐蕃还。

甲子，韩充入汴境，军于千塔。武宁节度使王智兴与高承简共破宣武兵，斩首千馀级，馀众遁去。壬申，韩充败宣武兵于郭桥，斩首千馀级，进军万胜。初，李㶲既为留后，以都知兵马使李质为腹心。及㶲除将军，不奉诏，质屡谏不听。会㶲疽发于首，遣李臣则等将兵拒李光颜于尉氏。既而官军四集，兵屡败，㶲疾甚，悉以军事属李质，卧于家。丙子，质与监军姚文寿擒㶲，杀之。诈为㶲牒，追臣则等，至，皆斩之。执㶲四子送京师。韩充未至，质权知军务，时牙兵三千人，日给酒食，物力不能支。质曰：『若韩公始至而罢之，则人情大去矣！不可留此弊以遗吾帅。』即命罢给而后迎充。丁丑，充入汴。癸未，以韩充专为宣武节度使。以曹华为义成节度使，高承简为兖、海、沂、密节度使，加李光颜兼侍中，以李质为右金吾将军。韩充既视事，人心粗定，乃密籍军中为恶者千馀人，一朝，并父母妻子悉逐之，曰：『敢少留境内者斩。』于是军政大治。

九月，戊子朔，浙西观察使京兆窦易直奏大将王国清作乱，伏诛。初，易直闻汴州乱而惧，欲散金帛以赏军士，或曰：『赏之无名，恐益生疑。』乃止。而外已有知之者，故国清作乱，易直讨擒之，并杀其党二百馀人。

德州刺史王稷，承父锷馀赀，家富厚。横海节度使李景略利其财，丙申，密教军士杀稷，屠其家，纳其女为妾，以军乱闻。

朝廷之讨李㶲也，遣司门郎中韦文恪宣慰魏博，史宪诚表请授㶲旌节，又于黎阳筑马头，为渡河之势。见文恪，辞礼倨慢；及闻㶲死，辞礼顿恭，曰：『宪诚，胡人，譬如狗，虽被捶击，终不离主耳。』

冬，十一月，庚午，皇太后幸华清宫。辛未，上自复道幸华清宫，遂畋于骊山，即日还宫。太后数日乃返。

丙子，集王缃薨。

庚辰，上与宦者击球于禁中，有宦者坠马，上惊，因得风疾，不能履地，自是人不

闻上起居。宰相屡乞入见，不报。裴度三上疏请立太子，且请入见。十二月，辛卯，上见群臣于紫宸殿，御大绳床，悉去左右卫官，独宦者十馀人侍侧，人情稍安。李逢吉进言：『景王已长，请立为太子。』裴度请速下诏，副天下望。上无言。既而两省官亦继有请立太子者。癸巳，诏立景王湛为皇太子。上疾浸瘳。

是岁，初行《宣明历》。

同上起居。宰相屡请入见，不报。裴度三上疏请立太子，且请入见。十二月，辛卯，上见群臣于紫宸殿，御大绳床，悉去左右卫官，独宦者十余人侍侧，人情稍安。李逢吉进言：「景王已长，请立为太子。」裴度请速下诏，副天下望。上无言。既而两省官亦继有请立太子者。癸巳，诏立景王湛为皇太子。上疾浸瘳。

是岁，初行《宣明历》。

资治通鉴卷第二百四十三

唐纪五十九 起昭阳单阏，尽著雍涒滩，凡六年

穆宗睿圣文惠孝皇帝下

长庆三年（癸卯，公元八二三年）

春，正月，癸未，赐两军中尉以下钱。二月，辛卯，赐统军、军使等绵彩、银器各有差。

户部侍郎牛僧孺，素为上所厚。初，韩弘之子右骁卫将军公武为其父谋，以财结中外。及公武卒，弘继薨，稚孙绍宗嗣，主藏奴与吏讼于御史府。上怜之，尽取弘财簿自阅视，凡中外主权，多纳弘货，独朱句细字曰：『某年月日，送户部牛侍郎钱千万，不纳。』上大喜，以示左右曰：『果然，吾不缪知人！』三月，壬戌，以僧孺为中书侍郎、同平章事。时僧孺与李德裕皆有入相之望。德裕出为浙西观察使，八年不迁，以为李逢吉排己，引僧孺为相，由是牛、李之怨愈深。

夏，四月，甲午，安南奏陆州獠攻掠州县。

丙申，赐宣徽院供奉官钱，紫衣者百二十缗，下至承旨各有差。

初，翼城人郑注，眇小，目下视，而巧谲倾谄，善揣人意，以医游四方，羁贫甚。尝以药术干徐州牙将，牙将悦之，荐于节度使李愬。愬饵其药颇验，遂有宠，署为牙推，浸预军政，妄作威福，军府患之。监军王守澄以众情白愬，请去之，愬曰：『注虽如是，然奇才也，将军试与之语，苟无可取，去之未晚。』乃使注往谒守澄，守澄初有难色，不得已见之。坐语未久，守澄大喜，延之中堂，促膝笑语，恨相见之晚。明日，谓愬曰：『郑生诚如公言。』自是又有宠于守澄，权势益张，愬署为巡官，列于宾席。注既用事，恐牙将荐己者泄其本末，密以罪谮之于愬，愬杀之。及守澄入知枢密，挈注以西，为立居宅，赡给之。遂荐于上，上亦厚遇之。自上有疾，守澄专制国事，势倾中外。注日夜出入其家，与之谋议，语必通夕，关通赂遗，人莫能窥其迹。始则有微贱巧宦之士，或因以求进，数年之后，达官车马满其门矣。工部尚书郑权，家多姬妾，禄薄不能赡，因注通于守澄以求节镇。己酉，以权为岭南节度使。

五月，壬申，以尚书左丞柳公绰为山南东道节度使。公绰过邓县，有二吏，一犯赃，一舞文，众谓公绰必杀犯赃者。公绰判曰：『赃吏犯法，法在；奸吏乱法，法亡。』竟诛舞文者。

丙子，以晋、慈二州为保义军，以观察使李寰为节度使。

六月，己丑，以吏部侍郎韩愈为京兆尹。六军不敢犯法，私相谓曰：『是尚欲烧佛

骨，何可犯也！』

秋，七月，癸亥，岭南奏黄洞蛮寇邕州，破左江镇。丙寅，邕州奏黄洞蛮破钦州千金镇，刺史杨屿奔石南砦。

南诏劝利卒，国人请立其弟丰祐。丰祐勇敢，善用其众，始慕中国，不与父连名。

八月，癸巳，邕管奏破黄洞蛮。

丙申，上自复道幸兴庆宫，至通化门楼，投绢二百匹施山僧。上之滥赐皆此类，不可悉记。

癸卯，以左仆射裴度为司空、山南西道节度使，不兼平章事。李逢吉恶度，右补阙张又新等附逢吉，竞流谤毁伤度，竟出之。又新，荐之子也。

九月，丙辰，加昭义节度使刘悟同平章事。

李逢吉为相，内结知枢密王守澄，势倾朝野。惟翰林学士李绅每承顾问，常排抑之，拟状至内庭，绅多所臧否。逢吉患之，而上待遇方厚，不能远也。会御史中丞缺，逢吉荐绅清直，宜居风宪之地。上以中丞亦次对官，不疑而可之。会绅与京兆尹兼御史大夫韩愈争台参及他职事，文移往来，辞语不逊。逢吉奏二人不协，冬，十月，丙戌，以愈为兵部侍郎，绅为江西观察使。

己丑，以中书侍郎、同平章事杜元颖同平章事，充西川节度使。

辛卯，安南奏黄洞蛮为寇。

韩愈、李绅入谢，上各令自叙其事，乃深寤。壬辰，复以愈为吏部侍郎，绅为户部侍郎。

四年（甲辰，公元八二四年）

春，正月，辛亥朔，上始御含元殿朝会。

初，柳泌等既诛，方士稍复，因左右以进，上饵其金石之药。有处士张皋者上疏，以为：『神虑淡则血气和，嗜欲胜则疾疢作。药以攻疾，无疾不可饵也。昔孙思邈有言：「药势有所偏助，令人藏气不平，借使有疾用药，犹须重慎。」庶人尚尔，况于天子！先帝信方士妄言，饵药致疾，此陛下所详知也，岂得复循其覆辙乎！今朝野之人纷纭窃议，但畏忤旨，莫敢进言。臣生长蓬艾，麋鹿与游，无所邀求，但粗知忠义，欲裨万一耳！』上甚善其言，使求之，不获。

丁卯，岭南奏黄洞蛮寇钦州，杀将吏。

庚午，上疾复作。壬申，大渐，命太子监国。宦官欲请郭太后临朝称制。太后曰：『昔武后称制，几危社稷。我家世守忠义，非武氏之比也。太子虽少，但得贤宰相辅之，

卿辈勿预朝政，何患国家不安！自古岂有女子为天下主，而能致唐、虞之理乎！』取制书手裂之。太后兄太常卿钊闻有是议，密上笺曰：『苟果徇其请，臣请先帅诸子纳官爵归田里。』太后泣曰：『祖考之庆，钟于吾兄。』是夕，上崩于寝殿。癸酉，以李逢吉摄冢宰。丙子，敬宗即位于太极东序。初，穆宗之立，神策军士人赐钱五十千，宰相议以太厚难继，乃下诏称：『宿卫之勤，诚宜厚赏，属频年旱歉，御府空虚，边兵尚未给衣，沾恤期于均济。神策军士人赐绢十匹、钱十千，畿内诸镇又减五千。』仍出内库绫二百万匹付度支，充边军春衣。』时人善之。

自戊寅至庚辰，上赐宦官服色及锦彩金银甚众，或今日赐绿，明日赐绯。

初，穆宗既留李绅，李逢吉愈忌之。绅族子虞颇以文学知名，自言不乐仕进，隐居华阳川，及从父耆为左拾遗，虞与耆书求荐，误达于绅。绅以书诮之，且以语于众人。虞深怨之，乃诣逢吉，悉以绅平日密论逢吉之语告之。逢吉益怒，使虞与补阙张又新及从子前河阳掌书记仲言等伺求绅短，扬之于士大夫间。且言『绅潜察士大夫有群居议论者，辄指为朋党，白之于上。』由是士大夫多忌之。及敬宗即位，逢吉与其党快绅失势，又恐上复用之，日夜谋议，思所以害绅者。楚州刺史苏遇谓逢吉之党曰：『主上初听政，必开延英，有次对官，惟此可防。』其党以为然，亟白逢吉曰：『事迫矣，若俟听政，悔不可追！』逢吉乃令王守澄言于上曰：『陛下所以为储贰，臣备知之，皆逢吉之力也。如杜元颖、李绅辈，皆欲立深王。』度支员外郎李续之等继上章言之。上时年十六，疑未信。会逢吉亦有奏，言『绅谋不利于上，请加贬谪。』上犹再三复问，然后从之。

二月，癸未，贬绅为端州司马。逢吉仍帅百官表贺，既退，百官复诣中书贺，逢吉方与张又新语，门者弗内。良久，又新挥汗而出，旅揖百官曰：『端溪之事，又新不敢多让。』众骇愕辟易，惮之。右拾遗内供奉吴思独不贺，逢吉怒，以思为吐蕃告哀使。丙戌，贬翰林学士庞严为信州刺史，蒋防为汀州刺史。严，寿州人，与防皆绅所引也。给事中于敖，素与严善，封还敕书。人为之惧，曰：『于给事为庞、蒋直冤，犯宰相怒，诚所难也！』及奏下，乃言贬之太轻。逢吉由是奖之。张又新等犹忌绅，日上书言贬绅太轻，上许为杀之。朝臣莫敢言，独翰林侍读学士韦处厚上疏，指述『绅为逢吉之党所谗，人情叹骇。绅蒙先朝奖用，借使有罪，犹宜容假，以成三年无改之孝，况无罪乎！』于是上稍开寤，会阅禁中文书，有穆宗所封一箧，发之，得裴度、杜元颖、李绅疏请立上为太子，上乃嗟叹，悉焚人所上谮绅书。虽未即召还，后有言者，不复听矣。

己亥，尊郭太后为太皇太后。

乙巳，尊上母王妃为皇太后。太后，越州人也。

丁未，上幸中和殿击球，自是数游宴、击球、奏乐，赏赐宦官、乐人，不可悉纪。

三月，壬子，赦天下。诸道常贡之外，毋得进奉。

甲寅，上始对宰相于延英殿。

初，牛元翼在襄阳，数赂王庭凑以请其家，庭凑不与。闻元翼薨，甲子，尽杀之。

上视朝每晏。戊辰，日绝高尚未坐，百官班于紫宸门外，老病者几至僵踣。谏议大夫李渤白宰相曰："昨日疏论坐晚，今晨愈甚。请出阁待罪于金吾仗。"既坐，左拾遗刘栖楚独留，进言曰："宪宗及先帝皆长君，四方犹多叛乱。陛下富于春秋，嗣位之初，当宵衣求理。而嗜寝乐色，日晏方起，梓宫在殡，鼓吹日喧，令闻未彰，恶声遐布。臣恐福祚之不长，请碎首玉阶以谢谏职之旷。"遂以额叩龙墀，见血不已，响闻阁外。李逢吉宣曰："刘栖楚休叩头，俟进止！"栖楚捧首而起，更论宦官事，上连挥令出。栖楚曰："不用臣言，请继以死。"牛僧孺宣曰："所奏知，门外俟进止！"栖楚乃出，待罪于金吾仗。于是宰相赞成其言，上命中使就仗并李渤宣慰令归。寻擢栖楚为起居舍人，仍赐绯。栖楚辞疾不拜，归东都。

庚午，赐内教坊钱万缗，以备行幸。

夏，四月，甲午，淮南节度使王播罢盐铁转运使。

乙未，以布衣姜洽为补阙，试大理评事陆洿、布衣李虞、刘坚为拾遗。时李逢吉用事，所亲厚者张又新、李仲言、李续之、李虞、刘栖楚、姜洽及拾遗张权舆、程昔范，又有从而附丽之者，时人恶逢吉者，目之为八关、十六子。

卜者苏玄明与染坊供人张韶善，玄明谓韶曰："我为子卜，当升殿坐，与我共食。今主上昼夜球猎，多不在宫中，大事可图也。"韶以为然，乃与玄明谋结染工无赖者百余人，丙申，匿兵于紫草，车载以入银台门，伺夜作乱。未达所诣，有诘其重载而疑之者，韶急，即杀诘者，与其徒易服挥兵，大呼趣禁庭。上时在清思殿击球，诸宦者见之，惊骇，急入闭门，走白上。盗寻斩关而入。先是右神策中尉梁守谦有宠于上，每两军角伎，上常佑右军。至是，上狼狈欲幸右军，左右曰："右军远，恐遇盗，不若幸左军近。"上从之。左神策中尉马存亮闻上至，走出迎，捧上足涕泣，自负上入军中，遣大将康艺全将骑卒入宫讨贼。上忧二太后隔绝，存亮复以五百骑迎二太后至军。张韶升清思殿，坐御榻，与苏玄明同食，曰："果如子言！"玄明惊曰："事止此邪！"韶惧而走。会康艺全与右军兵马使尚国忠引兵至，合击之，杀韶、玄明及其党，死者狼藉。逮夜始定，余党犹散匿禁苑中。明日，悉擒获之。时宫门皆闭，上宿于左军，中外不知上所在，人情恇骇。丁酉，上还宫，宰相帅百官诣延英门贺，来者不过数十人。盗所历诸门，监门宦者三十五人法当死。己亥，诏并杖之，仍不改职任。壬寅，厚赏两军立功将士。

五月，乙卯，以吏部侍郎李程、户部侍郎、判度支窦易直并同平章事。上问相于李逢吉，逢吉列上当时大臣有资望者，程为之首，故用之。上好治宫室，欲营别殿，制度甚广，李程谏，请以所具木石回奉山陵，上即从之。

六月，己卯朔，以左神策大将军康艺全为鄜坊节度使。

上闻王庭凑屠牛元翼家，叹宰辅非才，使凶贼纵暴。翰林学士韦处厚因上疏言：『裴度勋高中夏，声播外夷，若置之岩廊，委其参决，河北、山东必禀朝算。管仲曰：「人离而听之则愚，合而听之则圣。」理乱之本，非有他术，顺人则理，违人则乱。伏承陛下当食叹息，恨无萧、曹，今有一裴度尚不能留，此冯唐所以谓汉文得廉颇、李牧不能用也。夫御宰相，当委之，信之，亲之，礼之，于事不效，于国无劳，则置之散寮，黜之远郡。如此，则在位者不敢不厉，将进者不敢苟求。臣与逢吉素无私嫌，尝为裴度无辜贬官。今之所陈，上答圣明，下达群议耳。』上见度奏状无平章事，以问处厚。处厚具言李逢吉排沮之状。上曰：『何至是邪！』李程亦劝上加礼于度。丙申，加度同平章事。

张韶之乱，马存亮功为多，存亮不自矜，委权求出。秋，七月，以存亮为淮南监军使。

夏绥节度使李祐入为左金吾大将军，壬申，进马百五十四，上却之。甲戌，侍御史温造于阁内奏弹祐违敕进奉，请论如法，诏释之。祐谓人曰：『吾夜半入蔡州城取吴元济，未尝心动，今日胆落于温御史矣！』

八月，丁卯朔，安南奏黄蛮入寇。

龙州刺史尉迟锐上言：『牛心山素称神异，有掘断处，请加补塞。』从之。役数万人于绝险之地，东川为之疲弊。

九月，丁未，波斯李苏沙献沉香亭子材。左拾遗李汉上言：『此何异瑶台、琼室！』上虽怒，亦优容之。汉，道明之六世孙也。

冬，十月，戊戌，翰林学士韦处厚谏上宴游曰：『先帝以酒色致疾损寿，臣是时不死谏者，以陛下年已十五故也。今皇子才一岁，臣安敢畏死而不谏乎！』上感其言，赐锦彩百匹、银器四。

十一月，戊午，安南奏：黄蛮与环王合兵攻陷陆州，杀刺史葛维。

庚申，葬睿圣文惠孝皇帝于光陵，庙号穆宗。

臣猖獗，非不遽数。玄服莫辨，触瑟始仆。柏谷微行，豺豕塞路。睹貌献餐，斯可戒惧！』上优诏答之。

王播以钱十万缗赂王守澄，求复领利权。十二月，癸未，谏议大夫独孤朗、张仲方，起居郎柳公权，起居舍人宋申锡，补阙韦仁实、刘敦儒，拾遗李景让、薛廷老请开延英论其奸邪。上问：“前廷争者不在中邪？”即日，除刘栖楚谏议大夫。景让，憕之曾孙；廷老，河中人也。

十二月，庚寅，加天平节度使乌重胤同平章事。

乙未，徐泗观察使王智兴以上生日，请于泗州置戒坛，度僧尼以资福，许之。自元和以来，敕禁此弊，智兴欲聚货，首请置之，于是四方辐凑，江、淮尤甚，智兴家赀由此累巨万。浙西观察使李德裕上言：“若不钤制，至降诞日方停，计两浙、福建当失六十万丁。”奏至，即日罢之。

是岁，回鹘崇德可汗卒，弟曷萨特勒立。

敬宗睿武昭愍孝皇帝

宝历元年（乙巳，公元八二五年）

春，正月，辛亥，上祀南郊。还，御丹凤楼，赦天下，改元。先是鄠令崔发闻外喧嚣，问之，曰：“五坊人殴百姓。”发怒，命擒以入，曳之于庭。时已昏黑，良久，诘之，乃中使也。上怒，收发，系御史台。是日，发与诸囚立金鸡下，忽有品官数十人执

资治通鉴 卷第二百四十三 六

梃乱捶发，破面折齿，绝气乃去。数刻而苏，复有继来求击之者，台吏以席蔽之，仅免。上命复系发于台狱，而释诸囚。

中书侍郎、同平章事牛僧孺以上荒淫，嬖幸用事，又畏罪不敢言，但累表求出。乙卯，升鄂岳为武昌军，以僧孺同平章事，充武昌节度使。

中旨复以王播兼盐铁转运使，谏官屡争之，上皆不纳。

牛僧孺过襄阳，山南东道节度使柳公绰服櫜鞬候于馆舍。将佐谏曰：“襄阳地高于夏口，此礼太过！”公绰曰：“奇章公甫离台席，方镇重宰相，所以尊朝廷也。”竟行之。

上游幸无常，昵比群小，视朝月不再三，大臣罕得进见。二月，壬午，浙西观察使李德裕献《丹扆六箴》：一曰《宵衣》，以讽视朝稀晚；二曰《正服》，以讽服御乖异；三曰《罢献》，以讽征求玩好；四曰《纳诲》，以讽侮弃谠言；五曰《辨邪》，以讽信任群小；六曰《防微》，以讽轻出游幸。其《纳诲箴》略曰：“汉骜流湎，举白浮钟；魏睿侈汰，陵霄作宫。忠虽不忤，善亦不从。以规为瑱，是谓塞聪。”《防微箴》曰：“乱臣猖獗，非可遽数。玄服莫辨，触瑟始仆。柏谷微行，豺豕塞路。睹貌献餐，斯可戒惧。”上优容之。

上既复系崔发于狱，给事中李渤上言：『县令不应曳中人，中人不应殴御囚，其罪一也。然县令所犯在赦前，中人所犯在赦后。中人横暴，一至于此。若不早正刑书，臣恐四方藩镇闻之，则慢易之心生矣。』谏议大夫张仲方上言，略曰：『鸿恩将布于天下而不行御前，霈泽遍被于昆虫而独遗崔发。』自馀谏官论奏甚众，上皆不听。戊子，李逢吉等从容言于上曰：『崔发辄曳中人，诚大不敬，然其母，故相韦贯之之姊也，年垂八十，自发下狱，积忧成疾。陛下方以孝理天下，此所宜矜念。』上乃愍然曰：『比谏官但言发冤，未尝言其不敬，亦不言有老母。如卿所言，朕何为不赦之！』即命中使释其罪，送归家，仍慰劳其母。母对中使杖发四十。

三月，辛酉，遣司门郎中于人文册回鹘曷萨特勒为爱登里啰汩没密于合毗伽昭礼可汗。

夏，四月，癸巳，群臣上尊号曰文武大圣广孝皇帝。赦天下。赦文但云：『左降官已经量移者，宜与量移。』不言未量移者。翰林学士韦处厚上言：『逢吉恐李绅量移，故有此处置。如此，则应近年流贬官，因李绅一人皆不得量移也。』上即追赦文改之。绅由是得移江州长史。

秋，七月，甲辰，盐铁使王播进羡馀绢百万匹。播领盐铁，诛求严急，正入不充而羡馀相继。

己未，诏王播造竞渡船二十艘，运材于京师造之，计用转运半年之费。谏议大夫张仲方等力谏，乃减其半。

谏官言京兆尹崔元略以诸父事内常侍崔潭峻。丁卯，元略迁户部侍郎。

昭义节度使刘悟方去郓州也，以郓兵二千自随为亲兵。八月，庚戌，悟暴疾薨，子将作监主簿从谏匿其丧，与大将刘武德及亲兵谋，以悟遗表求知留后。司马贾直言入责从谏曰：『尔父提十二州地归朝廷，其功非细，只以张汶之故，自谓不洁淋头，竟至羞死。尔孺子，何敢如此！父死不哭，何以为人！』从谏恐悚不能对，乃发丧。

初，陈留人武昭罢石州刺史，为袁王府长史，郁郁怨执政。李逢吉与李程不相悦，水部郎中李仍叔，程之族人，激怒之云，程欲与昭官，为逢吉所沮。昭因酒酣，对左金吾兵曹茅汇言欲刺逢吉，为人所告。九月，庚辰，诏三司鞫之。前河阳掌书记李仲言谓汇曰：『君言李程与昭谋则生，不然必死。』汇曰：『冤死甘心！诬人自全，汇不为也！』狱成。冬，十月，甲子，武昭杖死，李仍叔贬道州司马，李仲言流象州，茅汇流崖州。

上欲幸骊山温汤，左仆射李绛、谏议大夫张仲方等屡谏不听，拾遗张权舆伏紫宸殿

下，叩头谏曰：『昔周幽王幸骊山，为犬戎所杀；秦始皇葬骊山，国亡；玄宗宫骊山而禄山乱；先帝幸骊山，而享年不长。』上曰：『骊山若此之凶邪？我宜一往以验彼言。』

十一月，庚寅，幸温汤，即日还宫，谓左右曰：『彼叩头者之言，安足信哉！』

丙申，立皇子普为晋王。

朝廷得刘悟遗表，议者多言上党内镇，与河朔异，不可许。左仆射李绛上疏，以为：『兵机尚速，威断贵定，人情未一，乃可伐谋。刘悟死已数月，朝廷尚未处分，中外人意，共惜事机。今昭义兵众，必不尽与从谏同谋，纵使其半叶同，尚有其半效顺。从谏未尝久典兵马，威惠未加于人。又此道素贫，非时必无优赏。今朝廷但速除近泽潞一将充昭义节度使，令兼程赴镇，从谏未及布置，新使已至潞州，所谓「先人夺人之心」也。新使既至，军心自有所系。从谏无位，何名主张，设使谋挠朝命，其将士必不肯从。今朝廷久无处分，彼军不晓朝廷之意，欲效顺则恐忽授从谏，欲同恶则恐别更除人，犹豫之间，若有奸人为之画策，虚张赏设钱数，军士觊望，尤难指挥。伏望速赐裁断，仍先下明敕，宣示军众，奖其从来忠节，赐新使缯五十万匹，使之赏设。续除刘从谏一刺史。从谏既粗有所得，必且择利而行，万无违拒。设不从命，臣亦以为不假攻讨，何则？臣闻从谏已禁山东三州军士不许自畜兵刀，足明群心殊未得一，帐下之事亦在不疑。熟计利害，决无即授从谏之理。』时李逢吉、王守澄计议已定，竟不用绛等谋。

十二月，辛丑，以从谏为昭义留后。刘悟烦苛，从谏济以宽厚，众颇附之。

李绛好直言，李逢吉恶之。故事，仆射上日，宰相送之，百官立班，中丞列位于廷，尚书以下每月当牙。元和中，伊慎为仆射，太常博士韦谦上言旧仪太重，削去之。御史中丞王播恃逢吉之势，与绛相遇于涂，不之避。绛引故事上言：『仆射，国初为正宰相，礼数至重。倘人才忝位，自宜别授贤良。若朝命守官，岂得有亏法制。乞下百官详定。』议者多从绛议。上听行旧仪。甲子，以绛有足疾，除太子少师、分司。

言事者多称裴度贤，不宜弃之藩镇，上数遣使至兴元劳问度，密示以还期。度因求入朝，逢吉之党大惧。

二年（丙午，公元八二六年）

春，正月，壬辰，裴度自兴元入朝，李逢吉之党百计毁之。先是民间谣云：『绯衣小儿坦其腹，天上有口被驱逐。』又，长安城中有横亘六冈，如乾象，度宅偶居第五冈。张权舆上言：『度名应图谶，宅占冈原，不召而来，其旨可见。』上虽年少，悉察其诬谤，待度益厚。

度初至京师，朝士填门，度留客饮。京兆尹刘栖楚附度耳语，侍御史崔咸举觞罚度

曰：『丞相不应许所由官呫嗫耳语。』度笑而饮之。栖楚不自安，趋出。二月，丁未，以度为司空、同平章事。度在中书，左右忽白失印。闻者失色，度饮酒自如。顷之，左右白复于故处得印，度不应。或问其故，度曰：『此必吏人盗之以印书券耳，急之则投诸水火，缓之则复还故处。』人服其识量。

上自即位以来，欲幸东都，宰相及朝臣谏者甚众。上皆不听，决意必行，已令度支员外郎卢贞按视，修东都宫阙及道中行宫。裴度从容言于上曰：『国家本设两都以备巡幸，自多难以来，兹事遂废。今宫阙、营垒、百司廨舍率已荒阤，陛下倘欲行幸，宜命有司岁月间徐加完葺，然后可往。』上曰：『从来言事者皆云不当往，如卿所言，不往亦可。』会朱克融、王庭凑皆请以兵匠助修东都。三月丁亥，敕以修东都烦扰，罢之，召卢贞还。先是，朝廷遣中使赐朱克融时服，克融以为疏恶，执留敕使。又奏『当道今岁将士春衣不足，乞度支给三十万端匹』，又奏『欲将兵马及丁匠五千助修宫阙』。上患之，以问宰相，欲遣重臣宣慰，仍索敕使。裴度对曰：『克融无礼已甚，殆将毙矣！譬如猛兽，自于山林中咆哮跳踉，久当自困，必不敢辄离巢穴。愿陛下勿遣宣慰，亦勿索敕使，旬日之后，徐赐诏书云：「闻中官至彼，稍失去就，俟还，朕自有处分。时服，有司制造不谨，朕甚欲知之，已令区处。其将士春衣，从来非朝廷征发，皆本道自备。

朕不爱数十万匹物，但素无此例，不可独与范阳。」所称助修宫阙，皆是虚语，若欲直挫其奸，宜云「丁匠宜速遣来，已令所在排比供拟。」彼得此诏，必苍黄失图。若且示含容，则云「修宫阙事在有司，不假丁匠远来。」如是而已，不足劳圣虑也。』上悦，从之。

立才人郭氏为贵妃。妃，晋王普之母也。

横海节度使李全略薨。其子副大使同捷擅领留后，重赂邻道，以求承继。

夏，四月，戊申，以昭义留后刘从谏为节度使。

五月，幽州军乱，杀朱克融及其子延龄，军中立其少子延嗣主军务。

六月，甲子，上御三殿，令左右军、教坊、内园为击球、手搏、杂戏。戏酣，有断臂、碎首者，夜漏数刻乃罢。

己卯，上幸兴福寺，观沙门文溆俗讲。

癸未，衡王绚薨。

壬辰，宣索左藏见在银十万两、金七千两，悉贮内藏，以便赐与。

道士赵归真说上以神仙，僧惟贞、齐贤、正简说上以祷祠求福，皆出入宫禁，上信用其言。山人杜景先请遍历江、岭，求访异人。有润州人周息元，自言寿数百岁，上遣

中使迎之。八月，乙巳，息元至京师，上馆之禁中山亭。

朱延嗣既得幽州，虐用其人。都知兵马使李载义与弟牙内兵马使载宁共杀延嗣，并屠其家三百馀人。载义权知留后，九月，数延嗣之罪以闻。载义，承乾之后也。

庚申，魏博节度使史宪诚妄奏李同捷为军士所逐，走归本道，请束身归朝。寻奏同捷复归沧州。

壬申，以中书侍郎、同平章事李程同平章事、充河东节度使。

冬，十月，己亥，以李载义为卢龙节度使。

十一月，甲申，以门下侍郎、同平章事李逢吉同平章事、充山南东道节度使。

上游戏无度，狎暱群小，善击球，好手搏，禁军及诸道争献力士，又以钱万缗付内园令召募力士，昼夜不离侧。又好深夜自捕狐狸。性复褊急，力士或恃恩不逊，辄配流、籍没。宦官小过，动遭捶挞，皆怨且惧。十二月，辛丑，上夜猎还宫，与宦官刘克明、田务澄、许文端及击球军将苏佐明、王嘉宪、石从宽、阎惟直等二十八人饮酒。上酒酣，入室更衣，殿上烛忽灭，苏佐明等弑上于室内。刘克明等矫称上旨，命翰林学士路隋草遗制，以绛王悟权句当军国事。壬寅，宣遗制，绛王见宰相百官于紫宸外庑。克明等欲易置内侍之执权者，于是枢密使王守澄、杨承和、中尉魏从简、梁守谦定议，以卫兵迎江王涵入宫，发左、右神策、飞龙兵进讨贼党，尽斩之。克明赴井，出而斩之。绛王为乱兵所害。时事起苍猝，守澄等以翰林学士韦处厚博通古今，一夕处置，皆与之共议。守澄等欲号令中外，而疑所以为辞。处厚曰：『正名讨罪，于义何嫌，安可依违，有所讳避！』又问：『江王当如何践阼？』处厚曰：『诘朝，当以王教布告中外以已平内难。然后群臣三表劝进，以太皇太后令册命即皇帝位。』当时皆从其言，时不暇复问有司，凡百仪法，皆出于处厚，无不叶宜。癸卯，以裴度摄冢宰。百官谒见江王于紫宸外庑，王素服涕泣。甲辰，见诸军使于少阳院。赵归真等诸术士及敬宗时佞幸者，皆流岭南或边地。乙巳，文宗即位，更名昂。戊申，尊母萧氏为皇太后，王太后为宝历太后。是时，郭太后居兴庆宫，王太后居义安殿，萧太后居大内。上性孝谨，事三宫如一，每得珍异之物，先荐郊庙，次奉三宫，然后进御。萧太后，闽人也。

庚戌，以翰林学士韦处厚为中书侍郎、同平章事。

上自为诸王，深知两朝之弊，及即位，励精求治，去奢从俭。诏宫女非有职掌者皆出之，出三千馀人。五坊鹰犬，准元和故事，量留校猎外，悉放之。有司供宫禁年支物，并准贞元故事。省教坊、翰林、总监冗食千二百馀员，停诸司新加衣粮。御马坊场及近岁别贮钱谷所占陂田，悉归之有司。先宣索组绣、雕镂之物，悉罢之。敬宗之世，

每月视朝不过一二，上始复旧制，每奇日未尝不视朝，对宰相群臣延访政事，久之方罢。待制官旧虽设之，未尝召对，至是屡蒙延问。其辍朝、放朝皆用偶日，中外翕然相贺，以为太平可冀。

文宗元圣昭献孝皇帝上之上

太和元年（丁未，公元八二七年）

春，二月，乙巳，赦天下，改元。

李同捷擅据沧景，朝廷经岁不问。同捷冀易世之后或加恩贷，三月，壬戌朔，遣掌书记崔从长奉表与其弟同志、同巽俱入见，请遵朝旨。

上虽虚怀听纳而不能坚决，与宰相议事已定，寻复中变。夏，四月，丙辰，韦处厚于延英极论之，因请避位。上再三慰劳之。

忠武节度使王沛薨。庚申，以太仆卿高瑀为忠武节度使。自大历以来，节度使多出禁军，其禁军大将资高者，皆以倍称之息贷钱于富室，以赂中尉，动逾亿万，然后得之，未尝由执政。至镇，则重敛以偿所负。及沛薨，裴度、韦处厚始奏以瑀代之。中外相贺曰：『自今债帅鲜矣！』

五月，丙子，以天平节度使乌重胤为横海节度使，以前横海节度副使李同捷为兖海节度使。朝廷犹虑河南、北节度使构扇同捷使拒命，乃加魏博史宪诚同平章事。丁丑，加卢龙李载义、平卢康志睦、成德王庭凑检校官。

盐铁使王播自淮南入朝，力图大用，所献银器以千计，绫绢以十万计。六月，癸巳，以播为左仆射、同平章事。

秋，七月，癸酉，葬睿武昭愍孝皇帝于庄陵，庙号敬宗。

李同捷托为将士所留，不受诏。乙酉，武宁节度使王智兴奏请将本军三万人，自备五月粮以讨同捷，许之。八月，庚子，削同捷官爵，命乌重胤、王智兴、康志睦、史宪诚、李载义与义成节度使李听、义武节度使张璠各帅本军讨之。同捷遣其子弟以珍玩、女妓赂河北诸镇，戊午，李载义执其侄，并所赂献之。史宪诚与李全略为婚姻，及同捷叛，密以粮助之。裴度不知其所为，谓宪诚无贰心。宪诚遣亲吏至中书请事，韦处厚谓曰：『晋公于上前以百口保尔使主，处厚则不然，但仰俟所为，自有朝典耳！』宪诚惧，不敢复与同捷通。王庭凑为同捷求节钺不获，乃助之为乱，出兵境上以挠魏师。又遣使厚赂沙陀酋长朱邪执宜，欲与之连兵，执宜拒不受。

冬，十月，天平、横海节度使乌重胤击同捷，屡破之。十一月，丙寅，重胤薨。庚

辰，以保义节度使李寰为横海节度使，从王智兴之请也。

十二月，庚戌，加王智兴同平章事。

二年（戊申，公元八二八年）

春，三月，己卯，王智兴攻棣州，焚其三门。

自元和之末，宦官益横，建置天子在其掌握，威权出人主之右，人莫敢言。辛巳，上亲策制举人，贤良方正，昌平刘蕡对策极言其祸，其略曰：『陛下宜先忧者，宫闱将变，社稷将危，天下将倾，海内将乱。』又曰：『陛下将杜篡弑之渐，则居正位而近正人，远刀锯之贱，亲骨鲠之直，辅相得以专其任，庶职得以守其官，奈何以亵近五六人总天下大政！祸稔萧墙，奸生帷幄，臣恐曹节、侯览复生于今日。』又曰：『忠贤无腹心之寄，阉寺持废立之权，陷先君不得正其终，致陛下不得正其始。』又曰：『威柄陵夷，藩臣跋扈。或有不达人臣之节，首乱者以安君为名；不究《春秋》之微，称兵者以逐恶为义。则政刑不由乎天子，征伐必自于诸侯。』又曰：『陛下何不塞阴邪之路，屏亵狎之臣，制侵陵迫胁之心，复门户扫除之役，戒其所宜戒，忧其所宜忧！既不能治于前，当治于后，既不能正其始，当正其终；则可以虔奉典谟，克承丕构矣。昔秦之亡也失于强暴，汉之亡也失于微弱。强暴则贼臣畏死而害上，微弱则奸臣窃权而震主。伏见敬宗皇帝不虞亡秦之祸，不剪其萌。伏惟陛下深轸亡汉之忧，以杜其渐，则祖宗之鸿业可绍，三、五之遐轨可追矣。』又曰：『臣闻昔汉元帝即位之初，更制七十馀事，其心甚诚，其称甚美，然而纪纲日紊，国祚日衰，奸宄日强，黎元日困者，以其不能择贤明而任之，失其操柄也。』又曰：『陛下诚能揭国权以归相，持兵柄以归将，则心无不达，行无不孚矣。』又曰：『法宜画一，官宜正名。今分外官、中官之员，立南司、北司之局，或犯禁于南则亡命于北，或正刑于外则破律于中，法出多门，人无所措，实由兵农势异而中外法殊也。』又曰：『今夏官不知兵籍，止于奉朝请；六军不主兵事，止于养勋阶。军容合中官之政，戎律附内臣之职。首一戴武弁，疾文吏如仇雠。足一蹈军门，视农夫如草芥。谋不足以剪除凶逆，而诈足以抑扬威福；勇不足以镇卫社稷，而暴足以侵轶里闾。羁绁藩臣，干陵宰辅，隳裂王度，汩乱朝经。张武夫之威，上以制君父；假天子之命，下以御英豪。有藏奸观衅之心，无伏节死难之义。岂先王经文纬武之旨邪！』又曰：『臣非不知言发而祸应，计行而身戮，盖痛社稷之危，哀生人之困，岂忍姑息时忌，窃陛下一命之宠哉！』

闰月，丙戌朔，史宪诚奏遣其子副大使唐、都知兵马使亓志绍将兵二万五千趣德州讨李同捷。时宪诚欲助同捷，唐泣谏，且请发兵讨之；宪诚不能违。

甲午，贤良方正裴休、李郃、李甘、杜牧、马植、崔玙、王式、崔慎由等二十二人中第，皆除官。考官左散骑常侍冯宿等见刘蕡策，皆叹服，而畏宦官，不敢取。诏下，物论嚣然称屈。谏官、御史欲论奏，执政抑之。李郃曰：『刘蕡下第，我辈登科，能无厚颜！』乃上疏，以为：『蕡所对策，汉、魏以来无与为比。今有司以蕡指切左右，不敢以闻，恐忠良道穷，纲纪遂绝。况臣所对不及蕡远甚，乞回臣所授以旌蕡直。』不报。蕡由是不得仕于朝，终于使府御史。牧，佑之孙；植，勋之子；式，起之子；慎由，融之玄孙也。

夏，六月，晋王普薨。辛酉，赠悼怀太子。

初，萧太后幼去乡里，有弟一人。上即位，命福建观察使求访，莫知所在。有茶纲役人萧洪，自言有姊流落，商人赵缜引之见太后近亲吕璋之妻，亦不能辨，与之俱见太后。上以为得真舅，甲子，以为太子洗马。

峰州刺史王升朝叛。庚辰，安南都护武陵韩约讨斩之。

王庭凑阴以兵及盐粮助李同捷，上欲讨之。秋，七月，甲辰，诏中书集百官议其事。宰相以下莫敢违，卫尉卿殷侑独以为：『廷凑虽附凶徒，事未甚露，宜且含容，专讨同捷。』己巳，下诏罪状廷凑，命邻道各严兵守备，听其自新。

九月，丁亥，王智兴奏拔棣州。

李寰自晋州兵赴镇，不戢士卒，所过残暴，至则拥兵不进，但坐索供馈。庚寅，以寰为夏绥节度使。

甲午，诏削夺王庭凑官爵，命诸军四面进讨。

加王智兴守司徒，以前夏绥节度使傅良弼为横海节度使。

岳王绲薨。

庚戌，容管奏安南军乱，逐都护韩约。冬，十月，洋王忻薨。

魏博败横海兵于平原，遂拔之。

十一月，癸未朔，易定节度使柳公济奏攻李同捷坚固寨，拔之。又破其兵于寨东。

时河南、北诸军讨同捷久未成功，每有小胜，则虚张首虏以邀厚赏，朝廷竭力奉之，江、淮为之耗弊。

傅良弼至陕而薨。乙酉，以左金吾大将军李祐为横海节度使。

甲辰，禁中昭德寺火，延及官人所居，烧死者数百人。

十二月，丁己，王智兴奏兵马使李君谋将兵济河，破无棣。壬申，中书侍郎、同平章事韦处厚薨。

李同捷军势日蹙，王庭凑不能救，乃遣人说魏博大将亓志绍使杀史宪诚父子取魏博。志绍遂作乱，引所部兵二万人还逼魏州。丁丑，命谏议大夫柏耆宣慰魏博，且发义成、河阳兵以讨志绍。

戊寅，以翰林学士路隋为中书侍郎、同平章事。

辛巳，史宪诚奏亓志绍兵屯永济，告急求援。诏义成节度使李听帅沧州行营诸军以讨志绍。

资治通鉴卷第二百四十四

唐纪六十 起屠维作噩，尽昭阳赤奋若，凡五年。

文宗元圣昭献孝皇帝上之下

太和三年（己酉，公元八二九年）

春，正月，亓志绍与成德合兵掠贝州。

义成行营兵三千人先屯齐州，使之禹城，中道溃叛，横海节度使李祐讨诛之。

李听、史唐合兵击亓志绍，破之。志绍将其众五千奔镇州。

李载义奏攻沧州长芦，拔之。

甲辰，昭义奏亓志绍馀众万五千人诣本道降，置之洺州。

二月，横海节度使李祐帅诸道行营兵击李同捷，破之，进攻德州。

武宁捉生兵马使石雄，勇敢，爱士卒。王智兴残虐，军中欲逐智兴而立雄。智兴知之，因雄立功，奏请除刺史。丙辰，以雄为壁州刺史。史宪诚闻沧景将平而惧，其子唐劝之入朝。丙寅，宪诚使唐奉表请入朝，且请以所管听命。

石雄既去武宁，王智兴悉杀军中与雄善者百馀人。夏，四月，戊午，智兴奏雄摇动军情，请诛之。上知雄无罪，免死，长流白州。

戊辰，李载义奏攻沧州，破其罗城。李祐拔德州，城中将卒三千馀人奔镇州。李同捷与祐书请降，祐并奏其书，谏议大夫柏耆受诏宣慰行营，好张大声势以威制诸将，诸将已恶之矣。及李同捷请降于祐，祐遣大将万洪代守沧州。耆疑同捷之诈，自将数百骑驰入沧州，以事诛洪，取同捷及其家属诣京师。乙亥，至将陵，或言王庭凑欲以奇兵篡同捷，乃斩同捷，传首。沧景悉平。五月，庚寅，加李载义同平章事。诸道兵攻李同捷，三年，仅能下之。而柏耆径入城，取为己功。诸将疾之，争上表论列。辛卯，贬耆为循州司户。李祐寻薨。

壬寅，摄魏博副使史唐奏改名孝章。

六月，丙辰，诏：『镇州四面行营各归本道休息，但务保境，勿相往来。惟庭凑效顺，为达章表，馀皆勿受。』

辛酉，以史宪诚为兼侍中、河中节度使；以李听兼魏博节度使；分相、卫、澶三州，以史孝章为节度使。

初，李祐闻柏耆杀万洪，大惊，疾遂剧。上曰：『祐若死，是耆杀之也！』癸酉，赐耆自尽。

河东节度使李程奏得王庭凑书，请纳景州；又奏亓志绍自缢。

上遣中使赐史宪诚旌节，癸酉，至魏州。时李听自贝州还军馆陶，迁延未进，宪诚竭府库以治行，将士怒。甲戌，军乱，杀宪诚，奉牙内都知兵马使灵武何进滔知留后。李听进至魏州，进滔拒之，不得入。秋，七月，进滔出兵击李听。听不为备，大败，溃走，昼夜兼行，趣浅口，失亡过半，辎重兵械尽弃之。昭义兵救之，听仅而得免，归于滑台。河北久用兵，馈运不给，朝廷厌苦之。八月，壬子，以进滔为魏博节度使，复以相、卫、澶三州归之。

沧州承丧乱之馀，骸骨蔽地，城空野旷，户口存者什无三四。癸丑，以卫尉卿殷侑为齐、德、沧、景节度使。侑至镇，与士卒同甘苦，招抚百姓，劝之耕桑，流散者稍稍复业。先是，本军三万人皆仰给度支，侑至一年，租税自能赡其半；二年，请悉罢度支给赐；三年之后，户口滋殖，仓廪充盈。

王庭凑因邻道微露请服之意。壬申，赦庭凑及将士，复其官爵。

征浙西观察使李德裕为兵部侍郎，裴度荐以为相。会吏部侍郎李宗闵有宦官之助，甲戌，以宗闵同平章事。

上性俭素，九月，辛巳，命中尉以下毋得衣纱縠绫罗。听朝之暇，惟以书史自娱，声乐游畋未尝留意。驸马韦处仁尝着夹罗巾，上谓曰：『朕慕卿门地清素，故有选尚。如此巾服，听其他贵戚为之，卿不须尔。』

壬辰，以李德裕为义成节度使。李宗闵恶其逼己，故出之。

冬，十月，丙辰，以李听为太子少师。

路隋言于上曰：『宰相任重，不宜兼金谷琐碎之务，如杨国忠、元载、皇甫镈皆奸臣，所为不足法也。』上以为然。于是裴度辞度支，上许之。

十一月，甲午，上祀圜丘。赦天下。四方毋得献奇巧之物，其纤丽布帛皆禁之，焚其机杼。

丙申，西川节度使杜元颖奏南诏入寇。元颖以旧相，文雅自高，不晓军事，专务蓄积，减削士卒衣粮。西南戍边之卒，衣食不足，皆入蛮境钞盗以自给，蛮人反以衣食资之。由是蜀中虚实动静，蛮皆知之。南诏自嵯颠谋大举入寇，边州屡以告，元颖不之信。嵯颠兵至，边城一无备御。蛮以蜀卒为乡导，袭陷嶲、戎二州。甲辰，元颖遣兵与战于邛州南，蜀兵大败，蛮遂陷邛州。

武宁节度使王智兴入朝。

诏发东川、兴元、荆南兵以救西川。十二月，丁未朔，又发鄂岳、襄邓、陈许等兵继之。

以王智兴为忠武节度使。

己酉，以东川节度使郭钊为西川节度使，兼权东川节度事。嵯颠自邛州引兵径抵成都。庚戌，陷其外郭。杜元颖帅众保牙城以拒之，欲遁去者数四。壬子，贬元颖为邵州刺史。

己未，以右领军大将军董重质为神策、诸道西川行营节度使，又发太原、凤翔兵赴西川。南诏寇东川，入梓州西郭。〔郭〕钊兵寡弱不能战，以书责嵯颠。嵯颠复书曰：『杜元颖侵扰我，故兴兵报之耳。』与钊修好而退。蛮留成都西郭十日，其始慰抚蜀人，市肆立堵。将行，乃大掠子女、百工数万人及珍货而去。蜀人恐惧，往往赴江，流尸塞江而下。嵯颠自为军殿，及大度水，嵯颠谓蜀人曰：『此南吾境也，听汝哭别乡国。』众皆恸哭，赴水死者以千计。自是南诏工巧埒于蜀中。嵯颠遣使上表，称：『蛮比修职贡，岂敢犯边，正以杜元颖不恤军士，怨苦元颖，竟为乡导，祈我此行以诛虐帅。诛之不遂，无以慰蜀士之心，愿陛下诛之。』丁卯，再贬元颖循州司马。诏董重质及诸道兵皆引还。郭钊至成都，与南诏立约，不相侵扰。诏遣中使以国信赐嵯颠。

四年（庚戌，公元八三〇年）

春，正月，辛巳，武昌节度使牛僧孺入朝。

戊子，立子永为鲁王。

李宗闵引荐牛僧孺。辛卯，以僧孺为兵部尚书、同平章事。于是二人相与排摈李德裕之党，稍稍逐之。

南诏之寇成都也，诏山南西道发兵救之，兴元兵少，节度使李绛募兵千人赴之，未至，蛮退而还。兴元兵有常额，诏新募兵悉罢之。二月，乙卯，绛悉召新军，谕以诏旨而遣之，仍赐以廪麦，皆怏怏而退。往辞监军，监军杨叔元素恶绛不奉己，以赐物薄激之。众怒，大噪，掠库兵，趋使牙。绛方与僚佐宴，不为备，走登北城。或劝缒而出，绛曰：『吾为元帅，岂可逃去！』麾推官赵存约令去。存约曰：『存约受明公知，何可苟免！』牙将王景延与贼力战死，绛、存约及观察判官薛齐皆为乱兵所害，贼遂屠绛家。戊午，叔元奏绛收新军募直以致乱。庚申，以尚书右丞温造为山南西道节度使。是时，三省官上疏共论李绛之冤。谏议大夫孔敏行具孙叔元激怒乱兵，上始悟。

三月，乙亥朔，以刑部尚书柳公绰为河东节度使。先是，回鹘入贡及互市，所过恐其为变，常严兵迎送防卫之。公绰至镇，回鹘遣梅录李畅以马万匹互市，公绰但遣牙将单骑迎劳于境，至则大辟牙门，受其礼谒。畅感泣，戒其下，在路不敢驰猎，无所侵扰。陉北沙陀素骁勇，为九姓、六州胡所畏伏。公绰奏以其酋长朱邪执宜为阴山都督、

代北行营招抚使，使居云、朔塞下，捍御北边。执宜与诸酋长入谒，公绰与之宴。执宜神彩严整，进退有礼。公绰谓僚佐曰：『执宜外严而内宽，言徐而理当，福禄人也。』执宜母妻入见，公绰使夫人与之饮酒，馈遗之。执宜感恩，为之尽力。塞下旧有废府十一，执宜修之，使其部落三千人分守之，自是杂虏不敢犯塞。

温造行至褒城，遇兴元都将卫志忠征蛮归，造密与之谋诛乱者，以其兵八百人为牙队，五百人为前军，入府，分守诸门。己卯，造视事，飨将士于牙门，造曰：『吾欲问新军去留之意，宜悉使来前。』既劳问，命坐，行酒。志忠密以牙兵围之，既合，唱『杀！』新军八百余人皆死。杨叔元起，拥造靴求生，造命囚之。其手杀绛者，斩之百段，余皆斩首，投尸汉水，以百首祭李绛，三十首祭死事者，具事以闻。己丑，流杨叔元于康州。

癸卯，加淮南节度使段文昌同平章事，为荆南节度使。

奚寇幽州。夏，四月，丁未，卢龙节度使李载义击破之。辛酉，擒其王茹羯以献。

裴度以高年多疾，恳辞机政。六月，丁未，以度为司徒、平章军国重事，俟疾损，三五日一入中书。

上患宦者强盛，宪宗、敬宗弑逆之党犹有在左右者。中尉王守澄尤为专横，招权纳贿，上不能制。尝密与翰林学士宋申锡言之，申锡请渐除其逼。上以申锡沉厚忠谨，可倚以事，擢为尚书右丞。七月，癸未，以申锡同平章事。

初，裴度征淮西，奏李宗闵为观察判官，由是渐获进用。至是，怨度荐李德裕，因其谢病，九月，壬午，以度兼侍中，充山南东道节度使。

西川节度使郭钊以疾求代，冬，十月，戊申，以义成节度使李德裕为西川节度使。蜀自南诏入寇，一方残弊，郭钊多病，未暇完补。德裕至镇，作筹边楼，图蜀地形，南入南诏，西达吐蕃。日召老于军旅、习边事者，虽走卒蛮夷无所间，访以山川、城邑、道路险易广狭远近，未逾月，皆若身尝涉历。

上命德裕修塞清溪关以断南诏入寇之路，或无土，则以石垒之。德裕上言：『通蛮细路至多，不可塞，惟重兵镇守，可保无虞。但黎、雅以来得万人，成都得二万人，精加训练，则蛮不敢动矣。边兵又不宜多，须力可临制。崔旰之杀郭英乂，张朏之逐张延赏，皆镇兵也。』时北兵皆归本道，惟河中、陈许三千人在成都，有诏来年三月亦归，蜀人恟惧。德裕奏乞郑滑五百人、陈许千人以镇蜀。且言：『蜀兵脆弱，新为蛮寇所困，皆破胆，不堪征戍。若北兵尽归，则与杜元颖时无异，蜀不可保。恐议者云蜀经蛮寇以来，已自增兵，向者蛮寇已逼，元颖始募市人为兵，得三千余人，徒有其数，实不

叩头而退。宰相至延英，上示以守澄所奏，相顾愕眙。上命守澄捕豆卢著所告十六宅宫市品官晏敬则及申锡亲事王师文等，于禁中鞫之；师文亡命。三月，庚子，申锡罢为右庶子。自宰相大臣无敢显言其冤者，独京兆尹崔琯、大理卿王正雅连上疏请出内狱付外廷核实，由是狱稍缓。正雅，翃之子也。晏敬则等自诬服，称申锡遣王师文达意于王，结异日之知。狱成，壬寅，上悉召师保以下及台省府寺大臣面询之。午际，左常侍崔玄亮、给事中李固言、谏议大夫王质、补阙卢钧、舒元褒、蒋系、裴休、韦温等复请对于延英，乞以狱事付外覆按。上曰：「吾已与大臣议之矣。」屡遣之出，不退。玄亮叩头流涕曰：「杀一匹夫犹不可不重慎，况宰相乎！」上意稍解，曰：「当更与宰相议之。」乃复召宰相入。牛僧孺曰：「人臣不过宰相，今申锡已为宰相，假使如所谋，复欲何求！申锡殆不至此！」郑注恐覆按诈觉，乃劝守澄请止行贬黜。癸卯，贬漳王凑为巢县公，宋申锡为开州司马。存亮即日请致仕。玄亮，磁州人；质，通五世孙；系，乂之子；元褒，江州人也。晏敬则等坐死及流窜者数十百人，申锡竟卒于贬所。

夏，四月，己丑，以李载义为山南西道节度使，杨志诚为卢龙节度使。

五月，辛丑，上以太庙两室破漏，逾月不葺，罚将作监、度支判官、宗正卿俸。亟命中使帅工徒，辍禁中营缮之材以葺之。左补阙韦温谏，以为：「国家置百官，各有所司，苟为失职，宜黜其人，更择能者代之。今旷官者止于罚俸，而使营缮之务移于内臣，是以宗庙为陛下所私，而百官皆为虚设也。」上善其言，即追止中使，命有司葺之。

丙辰，西川节度使李德裕奏遣使诣南诏索所掠百姓，得四千人而还。

秋，八月，戊寅，以陕虢观察使崔郾为鄂岳观察使。鄂岳地囊山带江，处百越、巴、蜀、荆、汉之会，土多群盗，剽行舟，无老幼必尽杀乃已。郾至，训卒治兵，作蒙冲追讨，岁中，悉诛之。郾在陕，以宽仁为治，或经月不笞一人，及至鄂，严峻刑罚。或问其故，郾曰：「陕土瘠民贫，吾抚之不暇，犹恐其惊；鄂地险民杂，夷俗慓狡为奸，非用威刑，不能致治。政贵知变，盖谓此也。」

西川节度使李德裕奏：「蜀兵羸疾老弱者，从来终身不简，臣命立五尺五寸之度，简去四千四百余人，复简募少壮者千人以慰其心。所募北兵已得千五百人，与土兵参居，转相训习，日益精练。又，蜀工所作兵器，徒务华饰不堪用，臣今取工于别道以治之，无不坚利。」九月，吐蕃维州副使悉怛谋请降，尽帅其众奔成都。德裕遣行维州刺史虞藏俭将兵入据其城。庚申，具奏其状，且言「欲遣生羌三千，烧十三桥，捣西戎腹心，可洗久耻，是韦皋没身恨不能致者也！」事下尚书省，集百官议，皆请如德裕策。牛僧孺曰：「吐蕃之境，四面各万里，失一维州，未能损其势。比来修好，约罢戍兵，中国御戎，守信为上。彼若来责曰：『何事失信？』养马蔚茹川，上平凉阪，万骑缀回中，怒气直辞，不三日至咸阳桥。此时西南数千里外，得百维州何所用之！徒弃诚信，有害无利。此匹夫所不为，况天子乎！』上以为然，诏德裕以其城归吐蕃，执悉怛谋及所与偕来者悉归之。吐蕃尽诛之于境上，极其惨酷。德裕由是怨僧孺益深。

冬，十月，戊寅，李德裕奏南诏寇嶲州，陷三县。

六年（壬子，公元八三二年）

春，正月，壬子，诏以水旱降系囚。群臣上尊号曰太和文武至德皇帝。右补阙韦温上疏，以为：『今水旱为灾，恐非崇饰徽称之时。』上善之，辞不受。

三月，辛丑，以武宁节度使王智兴兼侍中，充忠武节度使；以邠宁节度使李听为武宁节度使。

回鹘昭礼可汗为其下所杀，从子胡特勒立。

李听之前镇武宁也，有苍头为牙将。至是，听先遣亲吏至徐州慰劳将士，苍头不欲听复来，说军士杀其亲吏，脔食之。听惧，以疾固辞。辛酉，以前忠武节度使高瑀为武宁节度使。

夏，五月，甲辰，李德裕奏修邛崃关及移嶲州理台登城。

秋，七月，原王逵薨。

冬，十月，甲子，立鲁王永为太子。初，上以晋王普，敬宗长子，性谨愿，欲以为嗣。会薨，上痛惜之，故久不议建储，至是始行之。

十一月，乙卯，以荆南节度使段文昌为西川节度使。西川监军王践言入知枢密，数为上言：『缚送悉怛谋以快虏心，绝后来降者，非计也。』上亦悔之，尤中书侍郎、同平章事牛僧孺失策。附李德裕者因言『僧孺与德裕有隙，害其功。』上益疏之。僧孺内不自安，会上御延英，谓宰相曰：『天下何时当太平，卿等亦有意于此乎！』僧孺对曰：『太平无象。今四夷不至交侵，百姓不至流散，虽非至理，亦谓小康。陛下若别求太平，非臣等所及。』退，谓同列曰：『主上责望如此，吾曹岂得久居此地乎！』因累表请罢。十二月，乙丑，以僧孺同平章事，充淮南节度使。

臣光曰：君明臣忠，上令下从，俊良在位，佞邪黜远，礼修乐举，刑清政平，奸宄消伏，兵革偃戢，诸侯顺附，四夷怀服，时和年丰，家给人足，此太平之象也。于斯之时，阍寺专权，胁君于内，弗能远也；藩镇阻兵，陵慢于外，弗能制也；士卒杀逐主帅，拒命自立，弗能诘也；军旅岁兴，赋敛日急，骨血纵横于原野，杼轴空竭于里间，而僧孺谓之太平，不亦诬乎！当文宗求治之时，僧孺任居承

弼，进则偷安取容以窃位，退则欺君诬世以盗名，罪孰大焉！

珍王诚薨。

乙亥，昭义节度使刘从谏入朝。

丁未，以前西川节度使李德裕为兵部尚书。

初，李宗闵与德裕有隙，及德裕还自西川，上注意甚厚，朝夕且为相，宗闵百方沮之不能。京兆尹杜悰，宗闵党也，尝诣宗闵，见其有忧色，曰：「得非以大戎乎？」宗闵曰：「然。何以相救？」悰曰：「悰有一策，可平宿憾，恐公不能用。」宗闵曰：「何如？」悰曰：「德裕有文学而不由科第，常用此为慊慊，若使之知举，必喜矣。」宗闵默然有间，曰：「更思其次。」悰曰：「不则用为御史大夫。」宗闵曰：「此则可矣。」悰再三与约，乃诣德裕。德裕迎揖曰：「公何为访此寂寥？」悰曰：「靖安相公令悰达意。」即以大夫之命告之。德裕惊喜泣下，曰：「此大门官，小子何足以当之！」寄谢重沓。宗闵复与给事中杨虞卿谋之，事遂中止。虞卿，汝士之从弟也。

七年（癸丑，公元八三三年）

春，正月，甲午，加昭义节度使刘从谏同平章事，遣归镇。初，从谏以忠义自任，入朝，欲请他镇。既至，见朝廷事柄不一，又士大夫多请托，心轻朝廷，故归而益骄。徐州承王智兴之后，士卒骄悖，节度使高瑀不能制，上以为忧。甲寅，以岭南节度使崔珙为武宁节度使。珙至镇，宽猛适宜，徐人安之。珙，琯之弟也。

二月，癸亥，加卢龙节度使、检校工部尚书杨志诚检校吏部尚书。进奏官徐迪诣宰相言：「军中不识朝廷之制，唯知尚书改仆射为迁，不知工部改吏部为美，敕使往，恐不得出。」辞气甚慢，宰相不以为意。

丙戌，以兵部尚书李德裕同平章事。德裕入谢，上与之论朋党事，对曰：「方今朝士三分之一为朋党。」时给事中杨虞卿与从兄中书舍人汝士、弟户部郎中汉公、中书舍人张元夫、给事中萧澣等善交结，依附权要，上干执政，下挠有司，为士人求官及科第，无不如志，上闻而恶之，故与德裕言首及之。德裕因得以排其所不悦者。初，左散骑常侍张仲方尝驳李吉甫谥，及德裕为相，仲方称疾不出。三月，壬辰，以仲方为宾客分司。

杨志诚怒不得仆射，留官告使魏宝义并春衣使焦奉鸾、送奚、契丹使尹士恭。甲午，遣牙将王文颖来谢恩并让官。丙申，复以告身并批答赐之，文颖不受而去。

和王绮薨。

庚戌，以杨虞卿为常州刺史，张元夫为汝州刺史。他日，上复言及朋党，李宗闵

曰：『臣素知之，故虞卿辈臣皆不与美官。』李德裕曰：『给、舍非美官而何！』宗闵失色。丁巳，以萧浣为郑州刺史。

夏，四月，丙戌，册回鹘新可汗为爱登里啰汩没密施合句禄毗伽彰信可汗。

六月，乙巳，以山南西道节度使李载义为河东节度使。先是，回鹘每入贡，所过暴掠，州县不敢诘，但严兵防卫而已。载义至镇，回鹘使者李畅入贡，载义谓之曰：『可汗遣将军入贡，以固舅甥之好，非遣将军陵践上国也。将军不戢部曲，使为侵盗。载义亦得杀之，勿谓中国之法可忽也。』于是悉罢防卫兵，但使二卒守其门。畅畏服，不敢犯令。

壬申，以工部尚书郑覃为御史大夫。初，李宗闵恶覃在禁中数言事，奏罢其侍讲。上从容谓宰相曰：『殷侑经术颇似郑覃。』宗闵对曰：『覃、侑经术诚可尚，然论议不足听。』李德裕曰：『覃、侑议论，他人不欲闻，惟陛下欲闻之。』后旬日，宣出，除覃御史大夫。宗闵谓枢密使崔潭峻曰：『事一切宣出，安用中书！』潭峻曰：『八年天子，听其自行事亦可矣！』宗闵愀然而止。

乙亥，以中书侍郎、同平章事李宗闵同平章事、充山南西道节度使。

秋，七月，壬寅，以右仆射王涯同平章事、兼度支、盐铁转运使。

宣武节度使杨元卿有疾，朝廷议除代，李德裕请徙刘从谏于宣武，因拔出上党，不使与山东连结。上以为未可。癸丑，以左仆射李程为宣武节度使。

上患近世文士不通经术，李德裕请依杨绾议，进士试论议，不试诗赋。德裕又言：『昔玄宗以临淄王定内难，自是疑忌宗室，不令出阁。天下议皆以为幽闭骨肉，亏伤人伦。向使天宝之末、建中之初，宗室散处方州，虽未能安定王室，尚可各全其生。所以悉为安禄山、朱泚所鱼肉者，由聚于一宫故也。陛下诚因册太子，制书听宗室年高属疏者出阁，且除诸州上佐，使携其男女出外婚嫁。此则百年弊法，一旦因陛下去之，海内孰不欣悦！』上曰：『兹事朕久知其不可，方今诸王岂无贤才，无所施耳！』八月，庚寅，册命太子，因下制：诸王自今以次出阁，授紧、望州刺史、上佐；十六宅县主，以时出适；进士停试诗赋。诸王出阁，竟以议所除官不决而罢。

壬寅，加幽州节度使杨志诚检校右仆射，仍别遣使慰谕之。

杜牧愤河朔三镇之桀骜，而朝廷议者专事姑息，乃作书，名曰《罪言》，大略以为：『国家自天宝盗起，河北百馀城不得尺寸，人望之若回鹘、吐蕃，无敢窥者。齐、梁、蔡被其风流，因亦为寇。未尝五年间不战，焦焦然七十馀年矣。今上策莫如先自治，中策莫如取魏，最下策为浪战，不计地势，不审攻守是也。』又伤府兵废坏，作

《原十六卫》，以为：『国家始踵隋制，开十六卫，自今观之，设官言无谓者，其十六卫乎！本原事迹，其实天下之大命也。贞观中，内以十六卫蓄养武臣，外开折冲、果毅府五百七十四，以储兵伍；有事则戎臣提兵居外，无事则放兵居内。其居内也，富贵恩泽以奉其身，所部之兵散舍诸府。上府不越千二百人，三时耕稼，一时治武，籍藏将府，伍散田亩，力解势破，人人自爱，虽有蚩尤为帅，亦不可使为乱耳。及其居外也，缘部之兵被檄乃来，斧钺在前，爵赏在后，飘暴交捽，岂暇异略！虽有蚩尤为帅，亦无能为叛也。自贞观至于开元百三十年间，戎臣兵伍未始逆篡，此大圣人所以能柄统轻重，制鄣表里，圣算神术也。至于开元末，愚儒奏章曰：「天下文胜矣，请罢府兵。」武夫奏章曰：「天下力强矣，请搏四夷。」于是府兵内铲，边兵外作，戎臣兵伍，湍奔矢往，内无一人矣。尾大中干，成燕偏重，而天下掀然，根萌烬燃，七圣旰食，求欲除之且不能也。由此观之，戎臣兵伍，岂可一日使出落钤键哉！然为国者不能无兵，居外则叛，居内则篡。使外不叛，内不篡，古今已还，法术最长，其置府立卫乎！近代以来，于其将也，弊复为甚，率皆市儿辈多赍金玉、负倚幽阴、折券交货所能致也。绝不识父兄礼义之教，复无慷慨感概之气。百城千里，一朝得之，其强杰愎勃者则挠削法制，不使缚己，斩族忠良，不使违己，力壹势便，罔不为寇。其阴泥巧狡者，亦能家算口敛，委于邪幸，由卿市公，去郡得都，四履所治，指为别馆。或一夫不幸而寿，则戛割生人，略币天下。是以天下兵乱不息，齐人干耗，靡不由是矣。呜呼！文皇帝十六卫之旨，其谁原而复之乎！』又作《战论》，以为：『河北视天下，犹珠玑也；天下视河北，犹四支也。河北气俗浑厚，果于战耕，加以土息健马，便于驰敌，是以出则胜，处则饶，不窥天下之产，自可封殖。亦犹大农之家，不待珠玑然后以为富也。国家无河北，则精甲、锐卒、利刀、良弓、健马无有也，是一支，兵去矣。河东、盟津、滑台、大梁、彭城、东平，尽宿厚兵以塞虏冲，不可他使，是二支，兵去矣。六镇之师，厥数三亿，低首仰给，横拱不为，则沿淮已北，循河之南，东尽海，西叩洛，赤地尽取，才能应费，是三支，财去矣。咸阳西北，戎夷大屯，尽铲吴、越、荆、楚之饶以啖兵戍，是四支，财去矣。天下四支尽解，头腹兀然，其能以是久为安乎！今者诚能治其五败，则一战可定，四支可生。夫天下无事之时，殿寄大臣偷安奉私，战士离落，兵甲钝弊，是不蒐练之过，其败一也。百人荷戈，仰食县官，则挟千夫之名，大将小裨，操其馀赢，以虏壮为幸，以师老为娱，是执兵者常少，縻食常多，此不责实料食之过，其败二也。战小胜则张皇其功，奔走献状以邀上赏，或一日再赐，或一月累封，凯还未歌，书品已崇，爵命极矣，田宫广矣，金缯溢矣，子孙官矣，焉肯搜奇出死，勤于我矣！此厚

赏之过，其败三也。多丧兵士，颠翻大都，则跳身而来，刺邦而去。回视刀锯，气色甚安，一岁未更，旋已立于坛墀之上矣，此轻罚之过，其败四也。大将兵柄不得专，恩臣、敕使迭来挥之，堂然将陈，殷然将鼓，一则曰必为偃月，一则曰必为鱼丽，三军万夫，环旋翔羊愰骇之间，虏骑乘之，遂取吾之鼓旗，此不专任责成之过，其败五也。今者诚欲调持干戈，洒扫垢污，以为万世安，而乃踵前非，是不可为也。』又作《守论》，以为：『今之议者咸曰：夫倔强之徒，吾以良将劲兵为衔策，高位美爵充饱其肠，安而不挠，外而不拘，亦犹豢扰虎狼而不拂其心，则忿气不萌。此大历、贞元所以守邦也，亦何必疾战，焚煎吾民，然后以为快也！愚曰：大历、贞元之间，适以此为祸也。当是之时，有城数十，千百卒夫，则朝廷别待之，贷以法度。于是乎阔视大言，自树一家，破制削法，角为尊奢，天子养威而不问，有司守恬而不呵。王侯通爵，越禄受之；觐聘不来，几杖扶之；逆息虏胤，皇子嫔之；装缘采饰，无不备之。是以地益广，兵益强，僭拟益甚，侈心益昌。于是土田名器，分划殆尽，而贼夫贪心，未及畔岸，遂有淫名越号，或帝或王，盟诅自立，恬淡不畏，走兵四略以饱其志者也。是以赵、魏、燕、齐卓起大唱，梁、蔡、吴、蜀躅而和之；其馀混澒轩嚣，欲相效者，往往而是。运遭孝武，宵旰不忘，前英后杰，夕思朝议，故能大者诛锄，小者惠来。不然，周秦之郊，几为犯

猎哉！大抵生人油然多欲，欲而不得则怒，怒则争乱随之，是以教笞于家，刑罚于国，征伐于天下，此所以裁其欲而塞其争也。大历、贞元之间，尽反此道，提区区之有而塞无涯之争，是以首尾指支，几不能相运掉也。今者不知非此，而反用以为经。愚见为盗者非止于河北而已，呜呼！大历、贞元守邦之术，永戒之哉！』

又注《孙子》，为之序，以为：『兵者，刑也；刑者，政事也；为夫子之徒，实仲由、冉有之事也。不知自何代何人分为二道曰文、武，离而俱行，因使缙绅之士不敢言兵，或耻言之；苟有言者，世以为粗暴异人，人不比数。呜呼！亡失根本，斯最为甚！《礼》曰：「四郊多垒，此卿大夫之辱也。」历观自古，树立其国，灭亡其国，未始不由兵也。主兵者必圣贤、材能、多闻博识之士乃能有功，议于廊庙之上，兵形已成，然后付之于将。汉祖言「指踪者人也，获兔者犬也」，此其是也。彼为相者曰：「兵非吾事，吾不当知。」君子曰：「勿居其位可也！」』

前邠宁行军司马郑注，依倚王守澄，权势熏灼，上深恶之。九月，丙寅，侍御史李款阁内奏弹注：『内通敕使，外连朝士，两地往来，卜射财贿，昼伏夜动，干窃化权，人不敢言，道路以目。请付法司。』旬日之间，章数十上。守澄匿注于右军，左军中尉韦元素、枢密使杨承和、王践言皆恶注。左军将李弘楚说元素曰：郑注奸猾无双，卵鷇

不除，使成羽翼，必为国患。今因御史所劾匿军中，弘楚请以中尉意，诈为有疾，召使治之，来则中尉延与坐，弘楚侍侧，伺中尉举目，擒出杖杀之。中尉因见上叩头请罪，具言其奸，杨、王必助中尉进言。况中尉有翼戴之功，岂以除奸而获罪乎！』元素以为然，召之。注至，蠖屈鼠伏，佞辞泉涌。元素不觉执手款曲，谛听忘倦。弘楚再三，元素不顾，以金帛厚遗注而遣之。弘楚怒曰：『中尉失今日之断，必不免他日之祸矣！』因解军职去。顷之，疽发背卒。王涯之为相，注有力焉，且畏王守澄，遂寝李款之奏。守澄言注于上而释之，寻奏为侍御史，充右神策判官，朝野骇叹。

甲寅，以前忠武节度使王智兴为河中节度使。

群臣以上即位八年，未受尊号。冬，十二月，甲午，上尊号曰太和文武仁圣皇帝。会有五坊中使薛季稜自同、华还言闾阎凋弊。上叹曰：『关中小稔，百姓尚尔，况江、淮比年大水，其人如何！吾无术以救之，敢崇虚名乎！』因以通天带赏季稜。群臣凡四上表，竟不受。

庚子，上始得风疾，不能言。于是王守澄荐昭义行军司马郑注善医。上征注至京师，饮其药，颇有验，遂有宠。

唐纪六十一 起阏逢摄提格，尽强圉大荒落，凡四年。

文宗元圣昭献孝皇帝中

太和八年（甲寅，公元八三四年）

春，正月，上疾小瘳。丁巳，御太和殿见近臣，然神识耗减，不能复故。

二月，壬午朔，日有食之。

夏，六月，丙戌，莒王纾薨。

上以久旱，诏求致雨之方。司门员外郎李中敏上表，以为：『仍岁大旱，非圣德不至，直以宋申锡之冤滥，郑注之奸邪。今致雨之方，莫若斩注而雪申锡。』表留中。中敏谢病归东都。

郑王经薨。

初，李仲言流象州，遇赦，还东都。会留守李逢吉思复入相，仲言自言与郑注善，逢吉使仲言厚赂之。注引仲言见王守澄，守澄荐于上，云仲言善《易》，上召见之。时仲言有母服，难入禁中，乃使衣民服，号王山人。仲言仪状秀伟，倜傥尚气，颇工文辞，有口辩，多权数。上见之，大悦，以为奇士，待遇日隆。仲言既除服，秋，八月，辛卯，上欲以仲言为谏言，置之翰林。李德裕曰：『仲言向所为，计陛下必尽知之，岂宜置之近侍？』上曰：『然岂不容其改过？』对曰：『臣闻惟颜回能不贰过。彼圣贤之过，但思虑不至，或失中道耳。至于仲言之恶，著于心本，安能悛改邪！』上曰：『李逢吉荐之，朕不欲食言。』对曰：『逢吉身为宰相，乃荐奸邪以误国，亦罪人也。』上曰：『然则别除一官。』对曰：『亦不可。』上顾王涯，涯对曰：『可。』德裕挥手止之，上回顾适见，色殊不怿而罢。始，涯闻上欲用仲言，草谏疏极愤激；既而见上意坚，且畏其党盛，遂中变。寻以仲言为四门助教，给事中郑肃、韩佽封还敕书。德裕将出中书，谓涯曰：『且喜给事中封敕！』涯即召肃、佽谓曰：『李公适留语，令二阁老不用封敕。』二人即行下，明日，以白德裕，德裕惊曰：『德裕不欲封还，当面闻，何必使人传言！且有司封驳，岂复禀宰相意邪！』二人怅恨而去。

九月，辛亥，征昭义节度副使郑注至京师。王守澄、李仲言、郑注皆恶李德裕，以山南西道节度使李宗闵与德裕不相悦，引宗闵以敌之。壬戌，诏征宗闵于兴元。

冬，十月，辛巳，幽州军乱，逐节度使杨志诚及监军李怀仵，推兵马使史元忠主留务。

庚寅，以李宗闵为中书侍郎、同平章事。甲午，以中书侍郎、同平章事李德裕同平

章事，充山南西道节度使。是日，以李仲言为翰林侍讲学士。给事中高铢、郑肃、韩佽、谏议大夫郭承嘏、中书舍人权璩等争之，不能得。承嘏，晞之孙；璩，德舆之子也。

乙巳，贡院奏进士复试诗赋，从之。

李德裕见上自陈，请留京师。丙午，以德裕为兵部尚书。

杨志诚过太原，李载义自殴击，欲杀之，幕僚谏救得免，杀其妻子及从行将卒。朝廷以载义有功，不问。载义母兄葬幽州，志诚发取其财。载义奏乞取志诚心以祭母，不许。

十一月，成德节度使王庭凑薨，军中奉其子都知兵马使元逵知留后。元逵改父所为，事朝廷礼甚谨。

史元忠献杨志诚所造衮衣及诸僭物。丁卯，流志诚于岭南，道杀之。

李宗闵言李德裕制命已行，不宜自便。乙亥，复以德裕为镇海节度使，不复兼平章事。时德裕、宗闵各有朋党，互相挤援。上患之，每叹曰：『去河北贼易，去朝廷朋党难！』

臣光曰：夫君子小人之不相容，犹冰炭之不可同器而处也。故君子得位则斥

小人，小人得势则排君子，此自然之理也。然君子进贤退不肖，其处心也公，其指事也实；小人誉其所好，毁其所恶，其处心也私，其指事也诬。公且实者谓之正直，私且诬者谓之朋党，在人主所以辨之耳。是以明主在上，度德而叙位，量能而授官；有功者赏，有罪者刑；奸不能惑，佞不能移。夫如是，则朋党何自而生哉！彼昏主则不然，明不能烛，强不能断；邪正并进，毁誉交至；取舍不在于己，威福潜移于人。于是谗慝得志，而朋党之议兴矣。

夫木腐而蠹生，醯酸而蚋集，故朝廷有朋党，则人主当自咎，而不当以咎群臣也。文宗苟患群臣之朋党，何不察其所毁誉者为实，为诬；所进退者为贤，为不肖；其心为公，为私；其人为君子，为小人！苟实也，贤也，公也，君子也，匪徒用其言，又当进之；诬也，不肖也，私也，小人也，匪徒弃其言，又当刑之。如是，虽驱之使为朋党，孰敢哉！释是不为，乃怨群臣之难治，是犹不种不芸而怨田之芜也。朝中之党且不能去，况河北贼乎！

丙子，李仲言请改名训。

幽州奏莫州军乱，刺史张元泛不知所在。

十二月，乙卯，以昭义节度副使郑注为太仆卿。郭承嘏累上疏言其不可，上不听。

于是注诈上表固辞，上遣中使再以告身赐之，不受。

癸未，以史元忠为卢龙留后。

初，宋申锡与御史中丞宇文鼎受密诏诛郑注，使京兆尹王璠掩捕之。璠密以堂帖示王守澄，注由是得免，深德璠。璠又与李训善，于是训、注共荐之，自浙西观察使征为尚书左丞。

九年（乙卯，公元八三五年）

春，正月，乙卯，以王元逵为成德节度使。

巢公凑薨，追赠齐王。

郑注上言秦地有灾，宜兴役以禳之。辛卯，发左、右神策千五百人浚曲江及昆明池。

三月，冀王绒薨。

丙辰，以史元忠为卢龙节度使。

初，李德裕为浙西观察使，漳王傅母杜仲阳坐宋申锡事放归金陵，诏德裕存处之。会德裕已离浙西，牒留后李蟾使如诏旨。至是，左丞王璠、户部侍郎李汉奏德裕厚赂仲阳，阴结漳王，图为不轨。上怒甚，召宰相及璠、汉、郑注等面质之。璠、汉等极口诬之，路隋曰：『德裕不至有此。果如所言，臣亦应得罪！』言者稍息。夏，四月，以德裕为宾客分司。

癸巳，以郑注守太仆卿，兼御史大夫，注始受之，仍举仓部员外郎李款自代曰：『加臣之罪，虽于理而无辜；在款之诚，乃事君而尽节。』时人皆哂之。

丙申，以门下侍郎、同平章事路隋同平章事，充镇海节度使，趣之赴镇，不得面辞。坐救李德裕故也。

初，京兆尹河南贾餗，性褊躁轻率，与李德裕有隙，而善于李宗闵、郑注。上巳，赐百官宴于曲江，故事，尹于外门下马，揖御史。餗恃其贵势，乘马直入，殿中侍御史杨俭、苏特与之争，餗骂曰：『黄面儿敢尔！』坐罚俸。餗耻之，求出，诏以为浙西观察使。尚未行，戊戌，以餗为中书侍郎、同平章事。

庚子，制以向日上初得疾，王涯呼李德裕奔问起居，德裕竟不至。又在西蜀征逋悬钱三十万缗，百姓愁困。贬德裕袁州长史。

初，宋申锡获罪，宦官益横。上外虽包容，内不能堪。李训、郑注既得幸，揣知上意，训因进讲，数以微言动上。上见其才辩，意训可与谋大事，且以训、注皆因王守澄以进，冀宦官不之疑，遂密以诚告之。训、注遂以诛宦官为己任，二人相挟，朝夕计

议，所言于上无不从，声势烜赫。注多在禁中，或时休沐，宾客填门，赂遗山积。外人但知训、注倚宦官擅作威福，不知其与上有密谋也。上之立也，右领军将军兴宁仇士良有功。王守澄抑之，由是有隙。训、注为上谋，进擢士良以分守澄之权。五月，乙丑，以士良为左神策中尉，守澄不悦。

戊辰，以左丞王璠为户部尚书、判度支。

京城讹言郑注为上合金丹，须小儿心肝，民间惊惧，上闻而恶之。郑注素恶京兆尹杨虞卿，与李训共构之，云此语出于虞卿家人。上怒，六月，下虞卿御史狱。注求为两省官，中书侍郎、同平章事李宗闵不许，注毁之于上。会宗闵救杨虞卿，上怒，叱出之。壬寅，贬明州刺史。

左神策中尉韦元素、枢密使杨承和、王践言久居中用事，与王守澄争权不叶，李训、郑注因之出承和于西川，元素于淮南，践言于河东，皆为监军。秋，七月，甲辰朔，贬杨虞卿虔州司马。

庚戌，作紫云楼于曲江。

辛亥，以御史大夫李固言为门下侍郎、同平章事。李训、郑注为上画太平之策，以为当先除宦官，次复河、湟，次清河北，开陈方略，如指诸掌。上以为信然，宠任日隆。

初，李宗闵为吏部侍郎，因驸马都尉沈议结女学士宋若宪、知枢密杨承和得为相。及贬明州，郑注发其事，壬子，再贬处州长史。著作郎、分司舒元舆与李训善，训用事，召为右司郎中，兼侍御史知杂，鞫杨虞卿狱。癸丑，擢为御史中丞。元舆，元褒之兄也。贬吏部侍郎李汉为汾州刺史，刑部侍郎萧浣为遂州刺史，皆坐李宗闵之党。是时李训、郑注连逐三相，威震天下，于是平生丝恩发怨无不报者。

李训奏僧尼猥多，耗蠹公私。丁巳，诏所在试僧尼诵经不中格者，皆勒归俗。禁置寺及私度人。

时人皆言郑注朝夕且为相，侍御史李甘扬言于朝曰：『白麻出，我必坏之于庭！』癸亥，贬甘封州司马。然李训亦忌注，不欲使为相，事竟寝。

甲子，以国子博士李训为兵部郎中、知制诰，依前侍讲学士。

贬左金吾大将军沈议为邵州刺史。八月，丙子，又贬李宗闵潮州司户，赐宋若宪死。

丁丑，以太仆卿郑注为工部尚书，充翰林侍讲学士。注好服鹿裘，以隐沦自处，上以师友待之。注之初得幸，上尝问翰林学士、户部侍郎李珏曰：『卿知有郑注乎？亦尝与之言乎？』对曰：『臣岂特知其姓名，兼深知其为人。其人奸邪，陛下宠之，恐无益圣

德。臣忝在近密，安敢与此人交通！』戊寅，贬珏江州刺史。再贬沈议柳州司户。

丙申，诏以杨承和庇护宋申锡，韦元素、王践言与李宗闵、李德裕中外连结，受其赂遗。承和可驩州安置，元素可象州安置，践言可恩州安置，令所在锢送。杨虞卿、李汉、萧浣为朋党之首，贬虞卿虔州司户，汉汾州司马，浣遂州司马。寻遣使追赐承和、元素、践言死。时崔潭峻已卒，亦剖棺鞭尸。己亥，以前庐州刺史罗立言为司农少卿。立言赃吏，以赂结郑注而得之。郑注之入翰林也，中书舍人高元裕草制，言以医药奉君亲，注衔之。奏元裕尝出郊送李宗闵，壬寅，贬元裕阆州刺史。元裕，士廉之六世孙也。时注与李训所恶朝士，皆指目为二李之党，贬逐无虚日，班列殆空，廷中恟恟，上亦知之。训、注恐为人所摇，九月，癸卯朔，劝上下诏：『应与德裕、宗闵亲旧及门生故吏，今日以前贬黜之外，馀皆不问。』人情稍安。

庚申，以凤翔节度使李听为忠武节度使，代杜悰。

盐铁使王涯奏改江淮、岭南茶法，增其税。

宪宗之崩也，人皆言宦官陈弘志所为。时弘志为山南东道监军，李训为上谋召之，至青泥驿，癸亥，封杖杀之。

郑注求为凤翔节度使，门下侍郎、同平章事李固言不可。丁卯，以固言为山南西道

节度使、注为凤翔节度使。李训虽因注得进，及势位俱盛，心颇忌注。谋欲中外协势以诛宦官，故出注于凤翔。其实俟既诛宦官，并图注也。注欲取名家才望之士为参佐，请礼部员外郎韦温为副使，温不可。或曰：『拒之必为患。』温曰：『择祸莫若轻。拒之止于远贬，从之有不测之祸。』卒辞之。

戊辰，以右神策中尉、行右卫上将军、知内侍省事王守澄为左、右神策观军容使，兼十二卫统军。李训、郑注为上谋，以虚名尊守澄，实夺之权也。

己巳，以御史中丞兼刑部侍郎舒元舆为刑部侍郎，兵部郎中知制诰、充翰林侍讲学士李训为礼部侍郎，并同平章事。仍命训三二日一入翰林讲《易》。元舆为中丞，凡训、注所恶者，则为之弹击，由是得为相。又上惩李宗闵、李德裕多朋党，以贾餗及元舆皆孤寒新进，故擢为相，庶其无党耳。训起流人，期年致位宰相，天子倾意任之。训或在中书，或在翰林，天下事皆决于训。王涯辈承顺其风指，惟恐不逮。自中尉、枢密、禁卫诸将，见训皆震慑，迎拜叩首。壬申，以刑部郎中兼御史知杂李孝本权知御史中丞。孝本，宗室之子，依训、注得进。

李听自恃勋旧，不礼于郑注。注代听镇凤翔，先遣牙将丹骏至军中慰劳，诬奏听在镇贪虐。冬，十月，乙亥，以听为太子太保、分司，复以杜悰为忠武节度使。郑注每自

负经济之略，上问以富人之术，注无以对，乃请榷茶。于是以王涯兼榷茶使，涯知不可而不敢违，人甚苦之。

郑注欲收僧尼之誉，固请罢沙汰，从之。

李训、郑注密言于上，请除王守澄。辛巳，遣中使李好古就第赐鸩，杀之，赠扬州大都督。训、注本因守澄进，卒谋而杀之，人皆快守澄之受佞而疾训、注之阴狡，于是元和之逆党略尽矣。乙酉，郑注赴镇。

庚子，以东都留守、司徒兼侍中裴度兼中书令，馀如故。李训所奖拔，率皆狂险之士，然亦时取天下重望以顺人心，如裴度、令狐楚、郑覃皆累朝耆俊，久为当路所轧，置之散地，训皆引居崇秩。由是士大夫亦有望其真能致太平者，不惟天子惑之也。然识者见其横甚，知将败矣。

十一月，丙午，以大理卿郭行馀为邠宁节度使。癸丑，以河东节度使、同平章事李载义兼侍中。丁巳，以户部尚书、判度支王璠为河东节度使。戊午，以京兆尹李石为户部侍郎、判度支；以京兆少尹罗立言权知府事。石，神符之五世孙也。己未，以太府卿韩约为左金吾卫大将军。

始，郑注与李训谋，至镇，选壮士数百，皆持白棓，怀其斧，以为亲兵。是月，戊辰，王守澄葬于浐水，注奏请入护葬事，因以亲兵自随。仍奏令内臣中尉以下尽集浐水送葬，注因阖门，令亲兵斧之，使无遗类。约既定，训与其党谋：『如此事成，则注专有其功，不若使行馀、璠以赴镇为名，多募壮士为部曲，并用金吾、台府吏卒，先期诛宦者，已而并注去之。』行馀、璠、立言、约及中丞李孝本，皆训素所厚也，故列置要地，独与是数人及舒元舆谋之，他人皆莫之知也。

壬戌，上御紫宸殿。百官班定，韩约不报平安，奏称：『左金吾听事后石榴夜有甘露，臣递门奏讫。』因蹈舞再拜，宰相亦帅百官称贺。训、元舆劝上亲往观之，以承天贶，上许之。百官退，班于含元殿。日加辰，上乘软舆出紫宸门，升含元殿。先命宰相及两省官诣左仗视之，良久而还。训奏：『臣与众人验之，殆非真甘露，未可遽宣布，恐天下称贺。』上曰：『岂有是邪！』顾左、右中尉仇士良、鱼志弘帅诸宦者往视之。宦者既去，训遽召郭行馀、王璠曰：『来受敕旨！』璠股栗不敢前，独行馀拜殿下。时二人部曲数百，皆执兵立丹凤门外，训已先使人召之，令入受敕。独东兵入，邠宁兵竟不至。

仇士良等至左仗视甘露，韩约变色流汗。士良怪之曰：『将军何为如是？』俄风吹幕起，见执兵者甚众，又闻兵仗声，士良等惊骇走出。门者欲闭之，士良叱之，关不得

上。士良等奔诣上告变。训见之，遽呼金吾卫士曰：『来上殿卫乘舆者，人赏钱百缗！』宦者曰：『事急矣，请陛下还宫！』即举软舆，迎上扶升舆，决殿后罘罳，疾趋北出。训攀舆呼曰：『臣奏事未竟，陛下不可入宫！』金吾兵已登殿。罗立言帅京兆逻卒三百馀自东来，李孝本帅御史台从人二百馀自西来，皆登殿纵击，宦官流血呼冤，死伤者十馀人，乘舆逦迤入宣政门，训攀舆呼益急，上叱之，宦者郗志荣奋拳殴其胸，偃于地。乘舆既入，门随阖，宦者皆呼万岁，百官骇愕散。训知事不济，脱从吏绿衫衣之，走马而出，扬言于道曰：『我何罪而窜谪！』人不之疑。王涯、贾餗、舒元舆还中书，相谓曰：『上且开延英，召吾属议之。』两省官诣宰相请其故，皆曰：『不知何事，诸公各自便！』士良等知上豫其谋，怨愤，出不逊语，上惭惧不复言。士良等命左、右神策副使刘泰伦、魏仲卿等各帅禁兵五百人，露刃出阁门讨贼。王涯等将会食，吏白：『有兵自内出，逢人辄杀！』涯等狼狈步走，两省及金吾吏卒千馀人填门争出。门寻阖，其不得出者六百馀人皆死。士良等分兵闭宫门，索诸司，捕贼党。诸司吏卒及民酤贩在中者皆死，死者又千馀人，横尸流血，狼藉涂地，诸司印及图籍、帷幕、器皿俱尽。又遣骑各千馀出城追亡者，又遣兵大索城中。舒元舆易服单骑出安化门，禁兵追擒之。王涯徒步至永昌里茶肆，禁兵擒入左军。涯时年七十馀，被以桎梏，掠治不胜苦，自诬服，称与李训谋行大逆，尊立郑注。王璠归长兴坊私第，闭门，以其兵自防。神策将至门，呼曰：『王涯等谋反，欲起尚书为相，鱼护军令致意！』璠喜，出见之。将趋贺再三，璠知见绐，涕泣而行，至左军，见王涯曰：『二十兄自反，胡为见引？』涯曰：『五弟昔为京兆尹，不漏言于王守澄，岂有今日邪！』璠俯首不言。又收罗立言于太平里，及涯等亲属奴婢，皆入两军系之。户部员外郎李元皋，训之再从弟也，训实与之无恩，亦执而杀之。故岭南节度使胡证，家巨富，禁兵利其财，托以搜贾餗入其家，执其子溵，杀之。又入左常侍罗让、詹事浑鐬、翰林学士黎埴等家，掠其赀财，扫地无遗。鐬，瑊之子也，坊市恶少年因之报私仇，杀人，剽掠百货，互相攻劫，尘埃蔽天。

癸亥，百官入朝，日出，始开建福门，惟听以从者一人自随，禁兵露刃夹道。至宣政门，尚未开。时无宰相御史知班，百官无复班列。上御紫宸殿，问：『宰相何为不来？』仇士良曰：『王涯等谋反系狱。』因以涯手状呈上，召左仆射令狐楚、右仆射郑覃等升殿示之。上悲愤不自胜，谓楚等曰：『是涯手书乎？』对曰：『是也！』『诚如此，罪不容诛！』因命楚、覃留宿中书，参决机务。使楚草制宣告中外。楚叙王涯、贾餗反事浮泛，仇士良等不悦，由是不得为相。时坊市剽掠者犹未止，命左、右神策将杨镇、靳遂良等各将五百人分屯通衢，击鼓以警之，斩十馀人，然后定。贾餗变服潜民间

经宿，自知无所逃，素服乘驴诣兴安门，自言：『我宰相贾餗也，为奸人所污，可送我诣两军！』门者执送西军。李孝本改衣绿，犹服金带，以帽鄣面，单骑奔凤翔，至咸阳西，追擒之。

甲子，以右仆射郑覃同平章事。

李训素与终南僧宗密善，往投之。宗密欲剃其发而匿之，其徒不可。训出山，将奔凤翔，为盩厔镇遏使宋楚所擒，械送京师。至昆明池，训恐至军中更受酷辱，谓送者曰：『得我者则富贵矣！闻禁兵所在搜捕，汝必为所夺，不若取我首送之！』送者从之，斩其首以来。

乙丑，以户部侍郎、判度支李石同平章事，仍判度支。前河东节度使李载义复旧任。左神策出兵三百人，以李训首引王涯、王璠、罗立言、郭行馀；右神策出兵三百人，拥贾餗、舒元舆、李孝本献于庙社，徇于两市。命百官临视，腰斩于独柳之下，枭其首于兴安门外。亲属无问亲疏皆死，孩稚无遗，妻女不死者没为官婢。百姓观者怨王涯榷茶，或诟詈，或投瓦砾击之。

臣光曰：论者皆谓涯、餗有文学名声，初不知训、注之谋，横罹覆族之祸，愤叹其冤。臣独以为不然。夫颠危不扶，焉用彼相！涯、餗安高位，饱重禄；训、注

小人，穷奸究险，力取将相。涯、餗与之比肩，不以为耻；国家危殆，不以为忧。偷合苟容，日复一日，自谓得保身之良策，莫我如也。若使人人如此而无祸，则奸臣孰不愿之哉！一旦祸生不虞，足折刑剧，盖天诛之也，士良安能族之哉！

王涯有再从弟沐，家于江南，老且贫。闻涯为相，跨驴诣之，欲求一簿、尉。留长安二岁馀，始得一见，涯待之殊落莫。久之，沐因嬖奴以道所欲，涯许以微官，自是旦夕造涯之门以俟命；及涯家被收，沐适在其第，与涯俱腰斩。舒元舆有族子守谦，愿而敏，元舆爱之，从元舆者十年，一旦忽以非罪怒之，日加谴责，奴婢亦薄之。守谦不自安，求归江南，元舆亦不留，守谦悲叹而去。夕，至昭应，闻元舆收族，守谦独免。

是日，以令狐楚为盐铁转运使，左散骑常侍张仲方权知京兆尹。时数日之间，杀生除拜，皆决于两中尉，上不豫知。

初，王守澄恶宦者田全操、刘行深、周元稹、薛士幹、似先义逸、刘英诹等，李训、郑注因之遣分诣盐州、灵武、泾原、夏州、振武、凤翔巡边，命翰林学士顾师邕为诏书赐六道，使杀之。会训败，六道得诏，皆废不行。丙寅，以师邕为矫诏，下御史狱。

先是，郑注将亲兵五百，已发凤翔，至扶风。扶风令韩辽知其谋，不供具，携印及

至，闭门未晚，请徐观其变，不宜示弱！」至晡后乃定。是日，坊市恶少年皆衣绯皂，持弓刀北望，见皇城门闭，即欲剽掠，非石与君赏镇之，京城几再乱矣。时两省官应入直者，皆与其家人辞诀。

甲申，敕罢修曲江亭馆。

丁亥，诏：「逆人亲党，自非前已就戮及指名收捕者，馀一切不问。诸司官吏虽为所胁从，涉于诖误，皆赦之。他人毋得妄相告言及相恐愒。见亡匿者，勿复追捕，三日内各听自归本司。」时禁军暴横，京兆尹张仲方不敢诘，宰相以其不胜任，出为华州刺史，以司农卿薛元赏代之。元赏常诣李石第，闻石方坐听事与一人争辩甚喧，元赏使觇之，云有神策军将诉事。元赏趋入，责石曰：「相公辅佐天子，纪纲四海。今近不能制一军将，使无礼如此，何以镇服四夷！」即趋出上马，命左右擒军将，俟于下马桥，元赏至，则已解衣跽之矣。其党诉于仇士良，士良遣宦者召之曰：「中尉屈大尹。」元赏曰：「属有公事，行当继至。」遂杖杀之。乃白服见士良，士良曰：「痴书生何敢杖杀禁军大将！」元赏曰：「中尉大臣也，宰相亦大臣也，宰相之人若无礼于中尉，如之何？中尉之人无礼于宰相，庸可恕乎！中尉与国同体，当为国惜法，元赏已囚服而来，惟中尉死生之！」士良知军将已死，无可如何，乃呼酒与元赏欢饮而罢。

初，武元衡之死，诏出内库弓矢、陌刀给金吾仗，使卫从宰相，至建福门而退。至是，悉罢之。

开成元年（丙辰，公元八三六年）

春，正月，辛丑朔，上御宣政殿，赦天下，改元。仇士良请以神策仗卫殿门，谏议大夫冯定言其不可，乃止。定，宿之弟也。

二月，癸未，上与宰相语，患四方表奏华而不典，李石对曰：「古人因事为文，今人以文害事。」

昭义节度使刘从谏上表请王涯等罪名，且言：「涯等儒生，荷国荣宠，咸欲保身全族，安肯构逆！训等实欲讨除内臣，两中尉自为救死之谋，遂致相杀，诬以反逆，诚恐非辜。设若宰相实有异图，当委之有司，正其刑典，岂有内臣擅领甲兵，恣行剽劫，延及士庶，横被杀伤！流血千门，僵尸万计，搜罗枝蔓，中外恫疑。臣欲身诣阙庭，面陈臧否，恐并陷孥戮，事亦无成。谨当修饰封疆，训练士卒，内为陛下心腹，外为陛下藩垣。如奸臣难制，誓以死清君侧！」丙申，加从谏检校司徒。

天德军奏吐谷浑三千帐诣丰州降。

三月，壬寅，以袁州长史李德裕为滁州刺史。左仆射令狐楚从容奏：「王涯等既伏

辜，其家夷灭，遗骸弃捐。请官为收瘗，以顺阳和之气。』上惨然久之，命京兆收葬涯等十一人于城西，各赐衣一袭。仇士良潜使人发之，弃骨于渭水。丁未，皇城留守郭旼奏：『诸司仪仗有锋刃者，请皆输军器使，遇立仗别给仪刀！』从之。刘从谏复遣牙将焦楚长上表让官，称：『臣之所陈，系国大体。可听则涯等宜蒙湔洗，不可听则赏典不宜妄加！安有死冤不申而生者荷禄！』因暴扬仇士良等罪恶。辛酉，上召见楚长，慰谕遣之。时士良等恣横，朝臣日忧破家。及从谏表至，士良等惮之。由是郑覃、李石粗能秉政，天子倚之亦差以自强。

夏，四月，己卯，以潮州司户李宗闵为衡州司马。凡李训所指为李德裕、宗闵党者，稍收复之。

淄王协薨。

甲午，以山南西道节度使李固言为门下侍郎、同平章事，以左仆射令狐楚代之。

戊戌，上与宰相从容论诗之工拙，郑覃曰：『诗之工者，无若三百篇，皆国人作之以刺美时政，王者采之以观风俗耳，不闻王者为诗也。后代辞人之诗，华而不实，无补于事。陈后主、隋炀帝皆工于诗，不免亡国，陛下何取焉！』覃笃于经术，上甚重之。

己酉，上御紫宸殿，宰相因奏事拜谢，外间因讹言：『天子欲令宰相掌禁兵，已拜

恩矣。』由是中外复有猜阻，人情恟恟，士民不敢解衣寝者数日。乙丑，李石奏请召仇士良等面释其疑。上为召士良等出，上及石等共谕释之，使毋疑惧，然后事解。

闰月，乙酉，以太子太保、分司李听为河中节度使。上尝叹曰：『付之兵不疑，置之散地不怨，惟听为可以然。』

乙未，李固言荐崔球为起居舍人，郑覃再三以为不可，上曰：『公事勿相违！』覃曰：『若宰相尽同，则事必有欺陛下者矣！』

李孝本二女配没右军，上取之入宫。秋，七月，右拾遗魏谟上疏，以为：『陛下不迩声色，屡出宫女以配鳏夫。窃闻数月以来，教坊选试以百数，庄宅收市犹未已；又召李孝本女入宫，不避宗姓，大兴物论，臣窃惜之。昔汉光武一顾列女屏风，宋弘犹正色抗言，光武即撤之。陛下岂可不思宋弘之言，欲居光武之下乎！』上即出孝本女。擢谟为补阙，曰：『朕选市女子，以赐诸王耳。怜孝本女宗枝髫孤露，故收养宫中。谟于疑似之间皆能尽言，可谓爱我，不忝厥祖矣！』命中书优为制辞以赏之。谟，征之五世孙也。

鄜坊节度使萧洪诈称太后弟，事觉。八月，甲辰，流驩州，于道赐死。赵缜、吕璋等皆流岭南。初，李训知洪之诈，洪惧，辟训兄仲京置幕府。先是，自神策军出为节度

使者，军中皆资其行装，至镇，三倍偿之。有自左军出镇鄜坊未偿而死者，军中征之于洪，洪恃训之势，不与。又征于死者之子，洪教其子遮宰相自言，训判绝之。仇士良由是恨洪。太后有异母弟在闽中，孱弱不能自达。有闽人萧本从之得其内外族讳，因士良进达于上，且发洪之诈，洪由是得罪。上以本为真太后弟，戊申，擢为右赞善大夫。

九月，丁丑，李石为上言宋申锡忠直，为谗人所诬，窜死遐荒，未蒙昭雪。上俯首久之，既而流涕泫然曰：『兹事朕久知其误，奸人逼我，以社稷大计，兄弟几不能保，况申锡，仅全腰领耳。非独内臣，外廷亦有助之者。皆由朕之不明，向使遇汉昭帝，必无此冤矣！』郑覃、李固言亦共言其冤，上深痛恨，有惭色。庚辰，诏悉复申锡官爵，以其子慎微为成固尉。

李石用金部员外郎韩益判度支，案益坐赃三千余缗，系狱。石曰：『臣始以益颇晓钱谷，故用之，不知其贪乃如是！』上曰：『宰相但知人则用，有过则惩，如此则人易得。卿所用人不掩其恶，可谓至公。从前宰相用人好曲蔽其过，不欲人弹劾，此大病也。』冬，十一月，丁巳，贬益梧州司户。

上自甘露之变，意忽忽不乐，两军球鞠之会什减六七，虽宴享音伎杂遝盈庭，未尝解颜。闲居或徘徊眺望，或独语叹息。壬午，上于延英谓宰相曰：『朕每与卿等论天下事，则不免愁。』对曰：『为理者不可以速成。』上曰：『朕每读书，耻为凡主。』李石曰：『方今内外之臣，其间小人尚多疑阻，愿陛下更以宽御之，彼有公清奉法如刘弘逸、薛季稜者，陛下亦宜褒赏以劝为善。』甲申，上复谓宰相曰：『我与卿等论天下事，有势未得行者，退但饮醇酒求醉耳！』对曰：『此皆臣等之罪也。』

有司以左藏积弊日久，请行检勘，且言官典罪在赦前者，请宥之，上许之。既而果得缯帛妄称渍污者，敕赦之。给事中狄兼谟封还敕书曰：『官典犯赃，理不可赦！』上谕之曰：『有司请检之初，朕既许之矣。与其失信，宁失罪人。卿能奉职，朕甚嘉之！』

十二月，庚戌，以华州刺史卢钧为岭南节度使。李石言于上曰：『卢钧除岭南，朝士皆相贺。以为岭南富饶之地，近岁皆厚赂北司而得之；今北司不挠朝权，陛下宜有以褒之。庶几内外奉法，此致理之本也。』上从之。钧至镇，以清惠著名。

己未，淑王纵薨。

二年（丁巳，公元八三七年）

春，二月，己未，上谓宰相：『荐人勿问亲疏，朕闻窦易直为相，未尝用亲故。若亲故果才，避嫌而弃之，是亦不为至公也。』

均王纬薨。

三月，有彗星出于张，长八丈馀。壬申，诏撤乐减膳，以一日之膳分充十日。

夏，四月，甲辰，上对中书舍人、翰林学士兼侍书柳公权于便殿，上举衫袖示之曰：『此衣已三浣矣！』众皆美上之俭德，公权独无言。上问其故，对曰：『陛下贵为天子，富有四海，当进贤退不肖，纳谏诤，明赏罚，乃可以致雍熙。服浣濯之衣，乃末节耳。』上曰：『朕知舍人不应复为谏议，以卿有诤臣风采，须屈卿为之。』乙巳，以公权为谏议大夫，馀如故。

戊戌，以翰林学士、工部侍郎陈夷行同平章事。

六月，河阳军乱，节度使李泳奔怀州。军士焚府署，杀泳二子，大掠数日方止。泳，长安市人，寓籍禁军，以赂得方镇。所至恃所交结，贪残不法，其下不堪命，故作乱。丁未，贬泳澧州长史。戊申，以左金吾将军李执方为河阳节度使。

秋，七月，癸亥，振武奏党项三百馀帐剽掠逃去。

给事中韦温为太子侍读，晨诣东宫，日中乃得见。温谏曰：『太子当鸡鸣而起，问安视膳，不宜专事宴安！』太子不能用其言，温乃辞侍读。辛未，罢守本官。

振武突厥百五十帐叛，剽掠营田。戊寅，节度使刘沔击破之。

八月，庚戌，以昭仪王氏为德妃，昭容杨氏为贤妃。立敬宗之子休复为梁王，执中为襄王，言扬为杞王，成美为陈王。癸丑，立皇子宗俭为蒋王。

河阳军士既逐李泳，日相扇，欲为乱。九月，李执方索得首乱者七十馀人，悉斩之，馀党分隶外镇，然后定。

冬，十月，国子监《石经》成。

福建奏晋江百姓萧弘称太后族人，诏御史台案之。

戊申，以门下侍郎、同平章事李固言同平章事，充西川节度使。

甲寅，御史台奏萧弘诈妄。诏递归乡里，不之罪，冀得其真。

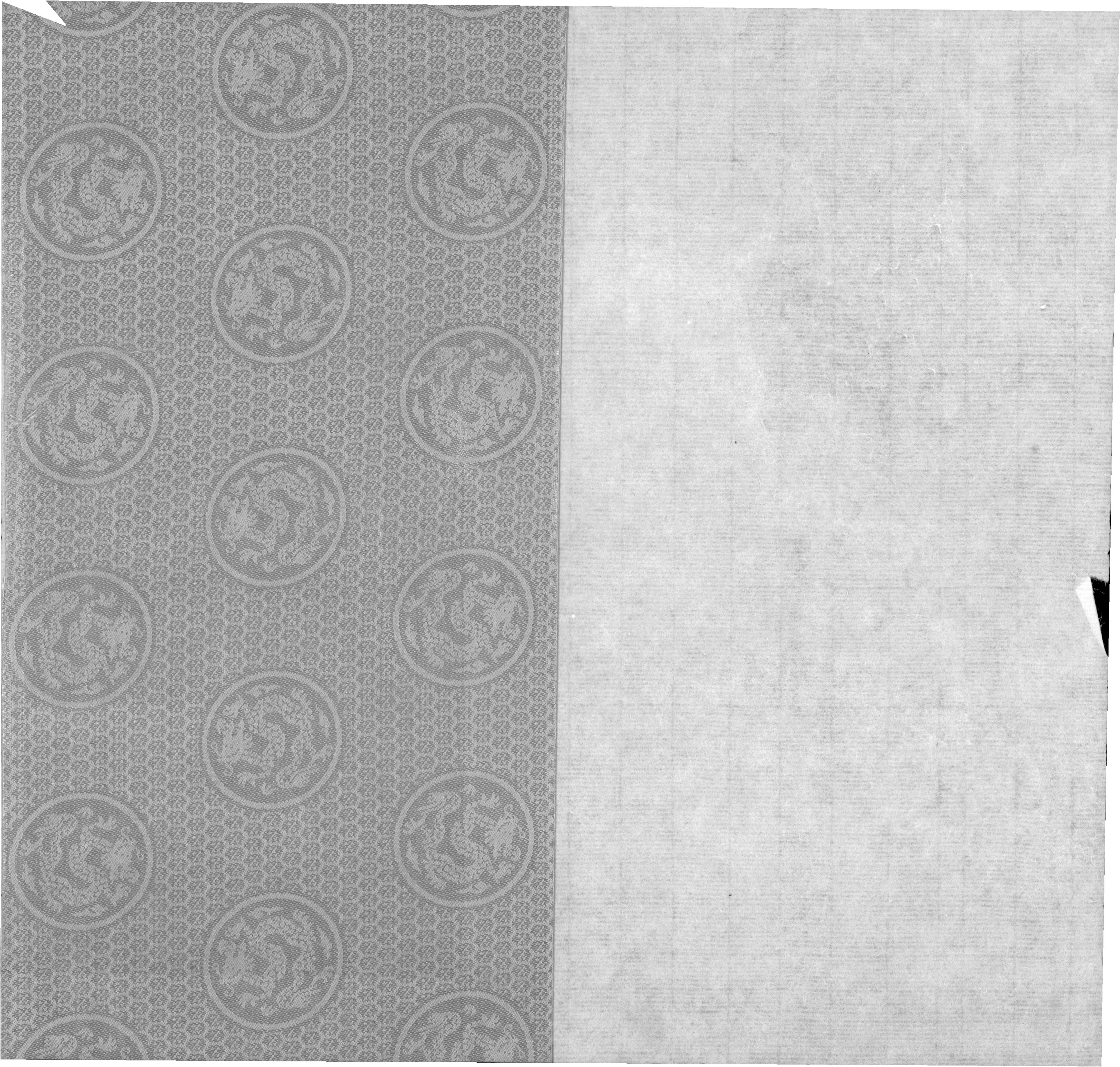